Carlos E. Sluzki

LA RED SOCIAL: FRONTERA DE LA PRACTICA SISTEMICA

Grupo: Psicología
Subgrupo: Terapia Familiar

**Editorial Gedisa ofrece
los siguientes títulos sobre**

TERAPIA FAMILIAR

pertenecientes a sus diferentes
colecciones y series
(Grupo "Psicología")

Carlos E. Sluzki	*La red social: frontera de la práctica sistémica*
Tom Andersen (comp.)	*El equipo reflexivo*
Michael White	*Guías para una terapia familiar sistémica*
Jay S. Efran, Michael D. Lukens y Robert J. Lukens	*Lenguaje, estructura y cambio. La estructuración del sentido en psicoterapia*
Ralph E. Anderson e Irl Carter	*La conducta humana en el medio social. Enfoque sistémico de la sociedad*
Michael Durrant y Cheryl White (comps.)	*Terapia del abuso sexual*
Steve de Shazer	*Claves en psicoterapia breve. Una teoría de la solución*
Heinz von Foerster	*Las semillas de la cibernética*
J. Elizur y S. Minuchin	*La locura y las instituciones*
E. Imber-Black, J. Roberts y R. Whiting (comps.)	*Rituales terapéuticos y ritos en la familia*
H. Stierlin y G. Weber	*¿Qué hay detrás de la puerta de la familia?*
Mony Elkaim	*Si me amas, no me ames*

(sigue en pág. 165)

LA RED SOCIAL: FRONTERA DE LA PRACTICA SISTEMICA

por

Carlos E. Sluzki

Corrección estilística: Margarita N. Mizraji

Primera reimpresión, junio de 1998, Barcelona

Derechos reservados para todas las ediciones en castellano

© Editorial Gedisa, S. A.
Avenida del Tibidabo, 12 (3º)
08022 Barcelona, España
Tel. (+34) 93 253 09 04
Fax. (+34) 93 253 09 05
Correo electrónico: gedisa@gedisa.com
http://www.gedisa.com

ISBN: 978-84-7432-589-8
Depósito legal: B-23.845/1998

Imprime Publidisa

Impreso en España
Printed in Spain

Queda prohibida la reproducción total o parcial por cualquier medio de impresión, en forma idéntica, extractada o modificada, en castellano o cualquier otro idioma.

Indice de capítulos y de *ejemplos*

PREFACIO (Salvador Minuchin) 9

PRÓLOGO 13

1. Tres piezas introductorias: "hot", "medium" y "cool" 23
    Introducción "hot": ¿Dónde ocurren las pérdidas? 23
    Introducción "medium": Familias, redes y otras formas extrañas 26
    Introducción "cool": Con los ojos de la imaginación ... 32

2. La red social: proposiciones generales 37
    El modelo de la "red social" 42
    Características estructurales 45
    Funciones de la red 48
        "Hasta aquí nomás": un ejemplo de compañía social 49
        "Un rayo de luz en la oscuridad": un ejemplo casi puro de apoyo emocional 50
        "Sostenéme que si no le pego": un ejemplo de regulación social 51
        Los testigos: una experiencia personal 55
        "Matando al mensajero": una reminiscencia personal 57
    Atributos del vínculo 59
    Implicaciones de este nivel de análisis 61
        "Aprendiendo el ABC": un ejemplo clínico 63

3. **De cómo la red social afecta la salud del individuo y la salud del individuo afecta a la red social** 71
   De cómo la red afecta la salud del individuo 79
   De cómo la enfermedad de un individuo afecta a su red 81
      "Liebres y tortugas": una consulta institucional 84
      "No hay nada como el hogar": un ejemplo clínico 87

4. **El proceso de migración: un experimento natural en disrupción y reconstrucción de la red social** 93
   Introducción 93
   Dinámica familiar durante la migración 94
   Los nuevos mapas 96
      "De lo que no se habla no existe": un ejemplo clínico 98

5. **Casándose y descasándose: vicisitudes de la red social durante el matrimonio y el divorcio** 107
      "Náufrago en el espacio": un ejemplo clínico 115

6. **La extinción progresiva de la galaxia: la red social en la vejez** 127
      "La invención de Morel": un ejemplo clínico 130
      "Las manchas en la pared": una reminiscencia personal 133

7. **Red, familia y narrativas** 139
   Un poco de historia 140
   Los efectos de esta evolución 144
   La narrativa como sistema 145

REFERENCIAS BIBLIOGRÁFICAS 151

ÍNDICE DE AUTORES 161

Prefacio

En sus albores, la terapia familiar era fácil de identificar: constituía un desafío. Concebir a la familia como el foco de las intervenciones terapéuticas e intentar entender sistémicamente las relaciones entre sus miembros constituían pasos revolucionarios tanto desde el punto de vista conceptual como de la práctica.

Esos días iniciales y pioneros eran días de certeza para la terapia familiar. Existían diferencias entre escuelas pero, en términos generales, esas diferencias no dividían al campo sino que lo enriquecían. Con todo, a medida que los terapeutas familiares comenzaron a encarar nuevas áreas de intervención y el trabajo con familias se centró en problemas específicos, empezaron a hacerse evidentes las divergencias en esta disciplina en expansión. Los (las) terapeutas familiares feministas encararon una revisión crítica del pensamiento sistémico, tal cual había sido conceptualizado originariamente por Bateson, y lo encontraron insuficiente, envuelto en un manto de elitismo masculino. Otros terapeutas, dedicados al tratamiento de poblaciones especiales, pusieron en tela de juicio nuestro pretendido universalismo, señalando que estábamos aprisionados por los prejuicios de la cultura dominante, y ciegos a las especificidades de género, de clase y raza. Otros criticaron la orientación transaccional del campo, arguyendo que, cuando centramos nuestra atención en lo que acontece entre miembros de la familia, estamos tratando al individuo como una "caja negra" y escotomizando las complejidades del ser humano. Otros aun señalaron que, así como las teorías psicodinámicas no prestaron atención al contexto del individuo, los terapeutas familiares actuales ignoran activamente el contexto de la familia, a saber, el medio cultural que tiñe las palabras con las que capturan la vida y las agencias sociales que con tanta frecuencia la afectan.

Carlos Sluzki es uno de los representantes más articulados de estas voces de desafío. Comienza con una pregunta fundamental para la terapia familiar: ¿existe la familia? *"Estudiamos la familia porque la vemos. Y la vemos porque la invocamos con nuestros modelos en nuestros interrogatorios."* Si formuláramos preguntas diferentes, ¿no diseñaríamos focos diferentes? De hecho, utilizando esa pregunta como guía, Sluzki construyó un sistema único de salud mental para individuos y sus familias en el Berkshire Medical Center en Pittsfield, Massachusetts, donde era Jefe del Departamento de Psiquiatría. Implementó sus ideas acerca de la importancia de las redes sociales creando un sector de internación en el que las paredes se abrieron, para incluir a la comunidad circundante, y unos consultorios externos también abiertos hacia el exterior, que se transformaron en el centro conector de una serie de servicios conectados a su vez con otros servicios en otras instituciones. Creo haber observado, hace ya un par de décadas, una confluencia similar entre teoría y utilización de recursos de la comunidad en el trabajo que llevó a cabo Dick Auerswald como Director de Salud Mental de la isla de Maui, Hawaii, y, más recientemente, en el Marlborough Day Hospital en Londres, donde Alan Cooklin ha combinado también un conjunto complejo de servicios para niños y familias que incluye el uso sofisticado de las redes sociales. El número de ejemplos de este tipo que se pueden citar es, lamentablemente, demasiado escaso.

El talento de Sluzki reside en la claridad de su pensamiento, su resistencia a la ortodoxia, y su aceptación fundamental de las limitaciones de la gente así como su dependencia a sus respectivos contextos. Este libro constituye una combinación poderosa de vertientes personales, profesionales y políticas. Con una modalidad estilística en la que aparece con frecuencia la primera persona y en la que comparte anécdotas acerca de sus amigos y su familia, Sluzki invita a la exploración personal.

Así, mientras leía este libro, visitaba una vez más mi pueblo natal en Argentina. Recordaba hasta qué punto en esos días mi identidad incluía a los miembros de mi familia y de mi clan, y a ese pueblo en el que conocía a todo el mundo. Rememoraba mi migración a otra ciudad, y después a otro país, y después a otro país más, y cuán disminuido me sentía durante los primeros tiempos en esos otros países y esas otras culturas. Me reconectaba, pero sabiendo que los medios así como la facilidad para la reconexión estaban organizados por contextos culturales que me eran ajenos. Como recién llegado a cada cultura, sentía inevitablemente esa experiencia de dislocación y pérdida de conexiones que Sluzki describe con tanta elocuencia.

Esta lectura me desafió también a reexaminar mi vida profesional, que en más de una oportunidad se entrecruzó con la de Sluzki, y cuestionar qué es lo que hice. ¿Fui claro? ¿Podría haber hecho más? Mi libro *Families of the Slums* fue único en su tiempo porque se centró en gente pobre, que para entonces eran invisibles a los ojos de los terapeutas familiares, blancos y de clase media. Pero, analizando retrospectivamente ese trabajo 25 años después, me percato de con cuánto respeto tratábamos a las instituciones dominantes que categorizaban a las familias y las deprivaban de poder. Años más tarde, trabajando con familias pobres en Filadelfia y en Nueva York, adquirí una nueva visión política que me permitió reconocer hasta qué punto las agencias de servicios sociales que rotulan a las poblaciones las tornan prisioneras con sus rótulos. Pero Sluzki me hace pensar ¿podría haber hecho aun más?

Así, Sluzki genera en el lector una experiencia personal acerca de la importancia de las redes sociales. Pero, además, demuestra la importancia de observar a la red social de la familia *como clínico*. Sus observaciones acerca del matrimonio y el divorcio desde la perspectiva de la construcción y dislocación de las redes sociales es particularmente original y novedosa.

En una época en la que parece haber un movimiento en dirección a una mayor producción de libros y artículos centrados en la exploración de la historia individual, resulta particularmente estimulante la conexión que establece Sluzki entre el pensamiento sistémico y el construccionismo social. Usando como base su experiencia en psiquiatría comunitaria y su compromiso político, Sluzki usa al construccionismo social no sólo como un constructo intelectual sino como una herramienta clínica. Interviene así en la red social externa para enriquecer el interior del individuo y de la familia. Y reconecta al paciente deprimido y aislado en contextos con mayor densidad social. Ayuda a las familias inmigrantes a considerar su realidad no desde una perspectiva clínica —en términos de patología— sino desde una visión que legitima esa experiencia de dislocación. Esta implementación del construccionismo social me parece particularmente admirable.

Una última observación acerca del autor: Sluzki vive sus teorías. Desde hace ya más de una década, sus "Cursos Intensivos en Castellano" han convocado cada verano a terapeutas familiares hispanoparlantes provenientes de todo el mundo, para compartir sus teorías y práctica en un proceso generoso y no sólo de experiencia y conocimiento sino de redes que ha enriquecido la vida de todos los participantes.

La textura rica de este libro refleja ese intercambio fluido de experiencias e ideas. Al leerlo, podrás también compartirlo.

Salvador Minuchin

Prólogo

Este libro trata de la red social personal, de ese conjunto de seres con quienes interactuamos de manera regular, con quienes conversamos, con quienes intercambiamos señales que nos corporizan, que nos hacen reales. De hecho, esa experiencia coherente en tiempo y espacio que constituye nuestra identidad se construye y reconstruye constantemente en el curso de nuestras vidas sobre la base de nuestra interacción con los otros —familiares, amigos... y enemigos, conocidos, compañeros, co-feligreses, todos aquellos con quienes interactuamos. Por lo tanto, esos "otros", en tanto envueltos en la espiral de las perspectivas recíprocas (Laing et al., 1966), en tanto co-constructores, forman parte intrínseca de nuestra identidad.

El paradigma sistémico, alojado en la génesis misma del campo de la terapia familiar, ha tendido a ser aplicado, con todo, como si las relaciones significativas fueran sólo aquellas definidas por la pertenencia al grupo familiar. Nuestros modelos han generado así una frontera artificial entre relaciones familiares y el resto del mundo social significativo del individuo. Al mismo tiempo, en la práctica clínica, la noción de "red social significativa" ha estado alojada en la base misma de muchas de las actividades preventivas y terapéuticas del campo de la salud mental, y aun algunas del campo de la salud en general. De hecho, el "apoyo social" es la razón de ser de innumerables grupos de autogestión y autoayuda de pacientes y de familiares de pacientes que padecen trastornos físicos o emocionales crónicos; los programas de hospitalización parcial, u hospital de día, contienen como uno de sus componentes más importantes la posibilidad de favorecer el desarrollo y la consolidación de una red estable de relaciones informales y el aprendizaje o reaprendizaje de las habilidades necesarias para establecer, nutrir y mantener relaciones sociales activas; la "integración social" es el objetivo de buena parte de los programas de prevención terciaria para pacientes psiquiátricos crónicos; y la noción de "experiencia psicosocial rehabilitante" substancia las filosofías terapéuticas de los programas más avanzados para adolescentes con problemas de adaptación y comportamiento. Estas prácticas contienen, con todo, el riesgo de llevar a suponer que el llevarlas a cabo significa "hacer" prácticas de red (respondiendo a la evidencia o a la intuición clínica acerca de la insuficiencia o a la problemática acerca de red social en la vida de muchos de nuestros pacientes). Este quehacer no agota ni reemplaza la necesidad de incorporar en nuestros modelos y en nuestra práctica clínica cotidiana las dimensiones de red social personal de los pacientes. Como espero muestre este libro, la inclusión de la consideración de la red social personal en la práctica clínica no es algo que uno hace como un ca-pítulo aparte. La incorporación del paradigma de red en la observación y conceptualización de la realidad clínica será propuesta no *a costa de* otras dimensiones, sino enriqueciendo cualitativamente la visión multidimensional del terapeuta y por lo tanto su potencial de acción clínica. De hecho, la incorporación de la dimensión "red social" en la práctica clínica expande la capacidad descriptiva —nos permite observar procesos adicionales que hasta entonces eran simplemente no reconocidos—, explicativa —nos facilita el desarrollo de nuevas hipótesis acerca de cuáles variables pueden haber contribuido a desencadenar, originar o mitigar los diversos problemas (y soluciones), derrotas (y triunfos), conflictos (y resoluciones) que constituyen la base de la práctica clínica—, y *terapéutica*: nos orienta en términos de sugerirnos nuevas intervenciones transformativas. Esa triple guía descriptiva, explicativa y terapéutica orientará el desarrollo de este libro.

Tal vez sea necesario que aclare que la "frontera" a la que se refiere el título del libro tiene una implicación más pragmática que conceptual, ya que se refiere a la micro-ecología de la que los pacientes se percatan fácilmente y a la que podemos indagar también fácilmente: a saber, el conjunto de quienes interactúan con el individuo en su realidad social cotidiana, y que son en principio accesibles de manera directa o indirecta al contacto personalizado y aun a una convocatoria de red u otra intervención semejante. Esa "frontera", con todo, también es artificial, ya que la red habita en redes más amplias y en conjuntos más vastos que incluyen a los grupos informales amplios, los subgrupos culturales y los contextos económicos, políticos, culturales y sociales en constante evolución... cuando no en involución.

Con todo, debo subrayar que este libro se centra en la praxis clínica. Una legítima opción alternativa que resalte las dinámicas de la trama macro-socio-económico-cultural (y la manera en que ésta afecta y se ve afectada por los individuos y las redes sociales) requiere diferentes modelos y métodos de análisis y conduce a diferentes líneas de acción, tal vez la actividad política u otro tipo de acción macrosocial, lo que excede los confines del nivel de análisis elegido para este libro.

También debo aclarar que en el curso de esta obra utilizo de manera intercambiable los términos "red social personal", "red social significativa", "red microsocial" y otras permutaciones.

Calzándonos las gafas sistémicas podríamos preguntarnos: "¿Cuál es el nivel de análisis más apropiado, más revelador, para elucidar estos procesos interpersonales de la red social personal?" "¿Quiénes rodean a quienes nos rodean?" "¿Cuál es la frontera que elegimos para definir ese conjunto, y dónde se localiza?" "¿Quién la define?" "Y quien la define, ¿está adentro o afuera del confín trazado?" "¿Dónde está el centro de esa constelación de interinfluencias?" "¿Existe un centro?" Estos interrogantes tendrán la función de guía auxiliar para la exploración emprendida aquí.

* * *

El germen del texto de algunos de los capítulos que siguen, que evolucionó luego en artículos en revistas profesionales o en su forma actual, tuvo como primer destinatario al personal profesional del servicio de psiquiatría que dirijo en un hospital general. Fue escrito en un esfuerzo para proveerle acceso a un lenguaje óptimo para conceptualizar los procesos microsociales de las interfases individuo/familia/inserción social. Su distribución y discusión en todos los niveles de personal y en cada sector constituyó una suerte de intervención sistémica que tuvo marcadas repercusiones positivas en el quehacer y en el bienestar de la institución: la incorporación del modelo de red desaliena, al individuo y a la familia con quienes trabajamos clínicamente, de su entorno social, a la vez que desaliena al terapeuta en su práctica. También cumplió, en parte a través de la magia de compartir un código, la función cohesiva que posee todo lenguaje privilegiado en común.

Algunos de los capítulos de este libro aparecieron, con variaciones, como artículos en publicaciones periódicas profesionales o como capítulos en libros de la especialidad. Dos de las tres introducciones del capítulo 1 fueron escritas originariamente como prólogos para otros libros (¡cuán consistente puede uno ser!): la introducción "cool" abre el libro *Families and Other Systems* compilado por John Schwartzman y publicado en Nueva York por Guilford Press en 1985; y la introducción "hot" pertenece al libro de Froma Walsh y Monica McGoldrick *Living beyond Loss: Death in the Family*, publicado en Nueva York por W. W. Norton en 1991. Este último fragmento fue capturado por mi amigo Donald A. Bloch y publicado ese mismo año como ensayo en la revista que él dirigía, *Family Systems Medicine*. Y una versión en castellano fue publicada, también en 1991, en *Alternativas en*

Psicoterapia (Buenos Aires). La introducción "medium", "Familias, redes y otras formas extrañas", vio la luz como ponencia plenaria en el congreso anual de la American Family Therapy Academy, en Nueva York, en junio de 1984. Su texto fue incluido en la publicación *AFTA Newsletter* de junio de 1985, y, traducido al castellano, en *Sistemas Familiares* (Buenos Aires) de abril de 1986. A pesar de que ya cumplió dos lustros, cuando lo releí hace poco tiempo lo encontré aún muy actual y válido, por lo que decidí incluirlo como una de las piezas introductorias. Una versión preliminar del capítulo 2 tuvo como punto de partida una conferencia plenaria en el Congreso Internacional sobre la Familia de la Universidad Pontificia de Salamanca en marzo de 1994 que fue luego publicada como artículo en *Familia: Revista de Ciencias y Orientación Familiar* (España), en tanto que otra variación sobre el tema fue publicada el año previo en francés en *Therapie Familiale* (Ginebra). El capítulo 3, "De cómo la red social afecta la salud del individuo y la salud del individuo afecta a la red social" nació como ponencia del plenario de apertura del magnífico Encuentro sobre Redes que tuvo lugar en Buenos Aires en 1993, y fue incluido como capítulo del libro que derivó de dicho congreso, compilado por la organizadora del mismo, Elina Dabas, con el título *Redes: El Lenguaje de los Vínculos. Hacia una Reconstrucción de la Sociedad Civil*, publicado en Buenos Aires por Paidós en 1993. El capítulo 4, "El proceso de migración: un experimento natural de disrupción y reconstrucción de la red social" apareció, en su primera versión, en *The Bulletin: A Journal of Berkshire Medical Center* en 1990 y, al año siguiente y en una versión más pulida, en *Family Systems Medicine*. Fue traducido al francés y publicado también ese año en *Cahiers Critiques de therapie Familiale et de Pratiques de Reseaux* (Bruselas), y, en una versión en castellano, en *Sistemas Familiares* (Buenos Aires). Todo material publicado previamente ha sido revisado, ampliado y actualizado para este volumen.

Este libro desarrolla el modelo de la red social personal en un contexto clínico, es decir, como instrumento para pensar y actuar en situaciones de consulta e intervención terapéutica. Con todo, en el campo de la terapia, el énfasis en las prescripciones y recomendaciones técnicas suele tener un efecto restrictivo, empobrecedor. Así es como este libro, eminentemente dedicado a los terapeutas en práctica clínica, carece de un capítulo específicamente destinado a "técnicas de terapia de red." Sin embargo, y asumiendo que buena parte de los lectores interesados en este tema serán terapeutas, he permitido que las "preguntas guía" mencionadas más arriba fueran teñidas por la multitud de problemas, eventos, quejas y dificultades por los que la gente consulta en la práctica clínica, lo que me permite explorar y ejemplificar la relevancia y el valor (es decir, el poder) clínico de este nivel de análisis. El lector podrá encontrar, asimismo, ejemplos clínicos y sugerencias acerca de procesos terapéuticos basados en el paradigma de red. Espero que lo uno compense por lo otro, convencido, además, de que los terapeutas que se calcen las lentes de los modelos de red notarán su efecto generativo de intervenciones transformativas.

En lo que respecta al conjunto heterogéneo de ejemplos incluidos en este libro, las variables de nicho social están siempre presentes, si bien la implementación terapéutica no siempre se ha centrado en una intervención en red. Esto refleja mi manera de incorporarme a las situaciones clínicas en la práctica cotidiana. Con todo, por cierto, las viñetas clínicas que ilustran este libro han sido seleccionadas sobre la base de que resultaron particularmente pertinentes o interesantes para resaltar las variables de red. En las viñetas clínicas (no en las personales) he distorsionado intencionalmente algunos datos y mantenido ambiguos algunos otros para respetar el anonimato de quienes participaron en ellas.

El tema de la conversación como territorio compartido por la red social significativa y como *locus* de consenso, y el papel del consenso como núcleo organizador de la red social será abordado en el capítulo de cierre, específicamente destinado a establecer una amalgama entre dos focos de atención: *las redes sociales* (lo que localiza a la frontera del grupo significativo que define una realidad más allá de la familia nuclear, si bien incluyéndola), y *las narrativas* (lo que define realidades como alojadas en el territorio compartido de los acuerdos organizadores de nuestra experiencia).

* * *

El escribir este libro (y debe quedar en claro que he escrito este prólogo, como es de rigor, como última pieza, cuando el resto del producto estuvo terminado) me invitó a una mirada retrospectiva que abarcó toda mi evolución profesional, una visita afectuosa a la red social en evolución a la que pertenecí y de la que soy parte a través de los años, incluyendo mi familia, mis amigos, maestros y alumnos, colegas y pacientes de los que aprendí, me enriquecí, me nutrí emocional e intelectualmente y a los que, espero, enseñé, enriquecí y nutrí a mi vez.

Deseo reconocer aquí a tres personas que han sido cruciales para mi evolución personal y profesional, que me abrieron las puertas a redes conceptuales, profesionales y personales extremadamente importantes en mi vida. Son un psiquiatra y un sociólogo argentinos y un psicólogo austríaco que viven, respectivamente, en Caracas, en París y Buenos Aires, y en Palo Alto, California.

Mauricio Goldenberg, pionero lúcido de la psiquiatría dinámica, comunitaria y social en la Argentina, maestro tesonero, padre generoso, allá por 1957 me acogió como estudiante de medicina en el Servicio de Psicopatología del Policlínico "Araoz Alfaro" de Lanús, Provincia de Buenos Aires, que él dirigía. Para entonces yo no sabía nada de nada en lo que respecta a psiquiatría y el mundo de los procesos interpersonales (y poco más acerca de otras cosas), y lo seguía en sus actividades cotidianas de hospital, mirando y escuchando fascinado por sobre su hombro, y haciendo preguntas tontas e inteligentes que eran contestadas con igual respeto, cariño, sencillez y sabiduría. Fui parte de su equipo y trabajé junto a él hasta mi partida de la Argentina en 1971. Goldenberg me apoyó entrañablemente, y creó texto y contexto para el aprendizaje con su gran calor humano, su liderazgo visionario, su óptica comunitaria y psicosocial responsable y precisa, su contacto respetuoso e interesado (con "curiosidad", lo llamaría ahora Cecchin, 1987) con pacientes y su afecto y lealtad para con el equipo tumultuoso de "jóvenes turcos" que lo rodeábamos —Valentín Barenblit, Octavio Fernández Moujan, Vicente Galli, Hernán Kesselman, Aurora Pérez, Lía Gladys Ricón, Dora Romanos y, en diferentes períodos de esa época temprana, Guida Kagel, Isaac Levav, Ignacio Maldonado, Alex Tarnopolsky, y tantos más— y que, a su vez, constituyó una red social privilegiada por lo intensa y nutritiva que nos proveyó a todos espacio y apoyo para la creatividad. Esa experiencia que plasmó Goldenberg, en la que se premiaba la evolución personal (en lugar de castigarla), se favorecía la cooperación (en lugar de sabotearla), se modelaba el respeto y cariño por pacientes y por colegas (en lugar de mistificarlos), se estimulaba la creatividad y la autonomía (en lugar de castrarlas), se fortalecía la capacidad para tolerar la ambigüedad (en lugar de fugar hacia el fanatismo), se practicaba la tolerancia (en lugar del prejuicio) a nivel de la ideología personal y de la actitud para con el conocimiento, en la que se hacía lo que se decía y se predicaba con el ejemplo, sigue orientando mi vida profesional, centrada, en una de sus vertientes estables, en la organización de servicios psiquiátricos en el hospital general, vocación sembrada con tesón y amor por ese gran maestro.

Eliseo Verón, semiólogo talentoso y compañero querido de aventuras intelectuales, dirigió entre 1961 y 1968 un equipo interdisciplinario de investigación en el Instituto de Sociología de la Universidad de Buenos Aires y más tarde en el Centro de Investigaciones Sociales del Instituto Torcuato Di Tella en el que me invitó a participar. Junto a Eliseo y al resto de los camaradas de ese equipo, que incluía a Francis Korn, Analía Kornblit y Ricardo Malfe, "descubrimos" a Bateson y, siguiendo el hilo trazado por sus escritos, los primeros escritos sobre terapia familiar. Con lucidez, intensidad, tesón, rigor conceptual, y buen humor, Verón me introdujo en el mundo de los modelos cibernéticos y, trascendiéndolos, al proceso complejo de las relaciones entre paradigmas, privilegiando formalismos que, en lugar de forzar una visión reduccionista de los procesos interpersonales complejos, los expanden. Mi participación en ese equipo y mi asociación con Verón enriquecieron cualitativamente mi capacidad de observar y de pensar.

Y *Paul Watzlawick*, autor pionero, inquisitivo, prolífico y creativo y terapeuta de talento inusual, me recibió con cariño y generosidad en mi primera incursión en el Mental Research Institute de Palo Alto, California, en 1965 y en años subsiguientes, abriéndome las puertas a una red local increíblemente talentosa que incluía, entre otros, a Janet H. Beavin-Bavelas, Don D. Jackson, Jay Haley, Virginia Satir y John H. Weakland, y facilitándome un acceso deslumbrante a la riqueza de las múltiples investigaciones interaccionales pioneras que tenían lugar en esa institución. Watzlawick contribuyó de manera substancial a plasmar puentes entre modelos que yo encontraba fascinantes pero desencarnados y la práctica clínica, favoreciendo la espiral dialéctica y el enriquecimiento recíproco entre el pensamiento cibernético/sistémico y la práctica de la terapia individual, familiar y de redes.

A los tres, mi deuda de gratitud y mi amistad.

También deseo expresar mi agradecimiento a *Sara Cobb, Ph.D.*, mi compañera, cuya participación inteligente en múltiples discusiones ha disipado algunas de las muchas telarañas en mis ideas, esclareciendo y ofreciéndome ideas novedosas y potentes.

Y finalmente, quiero agradecer a mis amigos y colegas, *Ignacio Maldonado* y *Marcelo Pakman*, por haber llevado a cabo una lectura crítica y afectuosa de partes de este manuscrito que, estoy seguro, contribuyó a mejorar su calidad.

Y a la red social extensa, compleja, densa, intensa, multifacética, de la que he sido y soy parte (familia, amigos, colegas, alumnos, maestros), me siento privilegiado por la calidad emocional e intelectual con la que me han nutrido y nutren aún, y agradecido de que me sea posible retribuir en parte toda esa riqueza. Este libro es sólo un mínimo testimonio de ese proceso.

Santa Bárbara, California, 1995

1

Tres piezas introductorias: "hot", "medium" y "cool"

Introducción "hot": ¿Dónde ocurren las pérdidas?

Hace unos pocos años murió, inesperadamente, un amigo mío. Su muerte ocurrió en la Argentina. Como yo vivo en los Estados Unidos, no me enteré de su corta enfermedad ni de su fallecimiento hasta unos días después. Era, hablando cronológicamente, mi amigo extra-familia más antiguo: habíamos sido compañeros de jardín de infantes. Los laberintos de nuestras respectivas vidas se desconectaron por tres décadas para volver a intersectarse hace unos veinte años, cuando nos aproximamos nuevamente. Dado que vivíamos a 8000 kilómetros de distancia el uno del otro, nuestro contacto se limitaba a intercambio de cartas y, a lo sumo, a un par de contactos personales por año, cuando nuestros derroteros itinerantes nos ponían a una distancia razonable. En esas oportunidades, nos llevaba sólo pocos minutos reactivar el vínculo y sentirnos alojados en una amistad antigua, confortable, confiable, cálida. Su muerte me privó de muchas cosas valiosas: era un depositario de mi identidad (su "Hola, Carlos" activaba mi imagen de su imagen de mí) y de mi historia (las mil versiones de "¿Te acordás cuando...?"). Era una fuente valiosa de nutrimiento emocional ("¡Qué placer verte!" o "¿Qué es de tu vida?" o cualquier otra de sus manifestaciones de afecto e interés personal), un generador de valioso feedback social personalizado ("Tu respuesta a tal y cual persona en tal y cual circunstancia me pareció fuera de lugar, porque...") y de cuidados de salud ("Se te ve muy bien" o "Te noto ronco otra vez. Debieras consultar a un especialista."). La relación era recíproca, por lo que me proveía la experiencia placentera de ser también depositario de su identidad e historia, fuente de su nutrimiento emocional, de su feedback social, y de sus cuidados. Era una amistad vieja, con un fondo rico de recuerdos compartidos que podían ser evocados por el uno o por el otro; algunas reminiscencias —tal vez una situación trivial compartida sólo por nosotros dos— permanecerán de ahora en más dormidas en mí a partir de su muerte, ya que no habrá nadie más que las pueda activar. Era amigo de amigos míos, y su ausencia se multiplicará por la pérdida de las conexiones con ellos a través de él, que se manifestaba cada vez que hablábamos acerca de amigos en común, o que organizábamos una salida conjunta con ellos. El dolor generado por una pérdida como esta exalta la bendición de lo que poseíamos.

Me detengo a detallar esta experiencia compleja porque, independientemente de cuán irreemplazable haya sido esta pérdida para mí, la mayor parte de los atributos de esa relación no eran únicos, ni para él ni para mí. Por cierto, no conozco a ninguna otra persona con quien pueda compartir recuerdos acerca de Herr Sultzberger, un maestro de música de nuestro jardín de infantes que nos llenaba de terror. Pero puedo citar, además de ésta, un número razonable de amistades de larga data, íntimas, enriquecedoras, cada una de ellas única, cada una de ellas cuidada, ninguna de ellas intrínseca e individualmente esenciales para mi supervivencia. La tormenta desencadenada por la muerte de mi amigo es paradigmática del efecto de alguna de las muchas pérdidas a las que estamos expuestos en el curso de nuestras vidas, y de las que emergemos aparentemente intactos, pero de alguna forma empobrecidos, o al menos cambiados.

El vacío de identidad, de historia, de continuidad, de nutrimiento emocional, de feedback social, de cuidados de salud, de validación, de responsabilidad por el otro producido por la pérdida de uno de esos vínculos que forman parte de nuestra identidad-en-contexto es una experiencia universal. Para algunos es la desaparición de un ser querido: la muerte del padre, de la madre, del cónyuge, de un amigo íntimo, o aun de un perro fiel. Para otros, la pérdida de un atributo físico o de una parte del cuerpo: la piel hasta entonces tersa que comienza, con sus arrugas, a denunciar el paso de los años; la pérdida de una mano en un accidente de trabajo. Para otros puede ser la desaparición de un principio organizativo prospectivo: la percatación súbita de que un sueño acariciado nunca será materializado; o retrospectivo: el descubrimiento de que una figura idealizada tenía una veta corrupta. Otros se ven deprivados de objetos que poseían valor emocional o valor intrínseco: nuestro primer automóvil ha sido robado, un incendio destruyó todas nuestras fotografías familiares, perdimos el diamante del anillo de compromiso; o son testigos del desmoronamiento de ideales atesorados: un golpe de Estado instala un gobierno militar en nuestro país, Kennedy es asesinado. Y tantos de nosotros hemos vivido un cambio de contexto emigrando o aun cambiando de ciudad, dejando así atrás íconos, hitos y amigos. Todas nuestras posesiones, materiales e inmateriales, tienen como sombra la posibilidad de su pérdida.

¿Cuál es el proceso mediante el cual estas experiencias desgarradoras comienzan a cicatrizar, esa ausencia intolerable deviene tolerable, ese vacío existencial comienza a rellenarse? ¿Cuál es el papel de los introyectos, y del "otro" (de la familia, los amigos, los conocidos) en el proceso reparativo? ¿Dónde ocurre la curación? ¿En el territorio íntimo del imaginario privado? ¿En el escenario consensualmente validado del lenguaje y de la construcción de la realidad? ¿En la compleja galería de espejos del mundo interpersonal? Y, dentro de ese mundo, ¿dónde se concentra ese proceso? ¿En la trama interactiva íntima e intensa de nuestra familia inmediata o en el tejido más amplio de nuestra red social significativa?

Ocurre en todos esos lugares, o, planteándolo con más precisión, la experiencia propiamente dicha, la experiencia de pérdida y dolor, de alegría y amor, de crecer y crear, de vivir y evolucionar, es única para cada individuo-en-contexto, y la conceptualización de esos procesos es una función de los constructos del que observa y describe: nuestros modelos son redes ideológicas que cazan, ordenan, organizan y otorgan significado a lo que ocurre "ahí afuera"... y "ahí adentro."

Estas experiencias, independientemente de cuán intensas sean, son enfriadas por el efecto mediatizante del lenguaje, que las organiza usando como matriz los múltiples supuestos explícitos o implícitos que nos permiten establecer consensos. El modelo de la red social nos provee de una herramienta conceptual útil y poderosa para organizar las experiencias personales y colectivas, tanto aquellas que pueblan nuestras propias vidas como las de nuestros pacientes... y hacer algo al respecto.

Introducción "medium": familias, redes y otras formas extrañas

La palabra "familia", de raíz osca, fue utilizada en su origen para denotar exclusivamente a la servidumbre. Alrededor del siglo xv su significado se amplió, abarcando a todos los miembros de la casa, tanto siervos como mujeres cautivas y la descendencia engendrada por el jefe de familia. El vínculo más importante de esa familia medieval era un convenio tácito de protección y lealtad mutuas. Este acuerdo recíproco se tornó más estable a medida que fue transcurriendo el tiempo, y el uso del término evolucionó progresivamente hacia el contrato familiar que hoy conocemos. Ciertas características actuales tienen un origen muy reciente, tal como el concepto de matrimonio romántico en el que se contraen nupcias por amor y no por conveniencia, que data del siglo xix. Por cierto, las familias que estudiamos y a las cuales pertenecemos pueden considerarse una construcción contemporánea en proceso evolutivo, que conservará su forma actual por lapsos minúsculos (¿100, 200, 300 años?, momentos fugaces si no fuera por la impaciencia que deriva de la duración aun menor de nuestra vida), pese a nuestro esfuerzo por ignorar la evolución, las diferencias, anomalías y portentos que nos depara el futuro.

La mayoría de nosotros profesa, de hecho, esa conciencia evolutiva. Con todo, debo confesar que, cada vez que me percato nuevamente de ella, vuelvo a asombrarme como si fuera la primera vez. Querría compartir parte de ese asombro.

La tesis un tanto sencilla que propongo es que vemos y tratamos a la familia nuclear, y en ocasiones a la familia extensa, porque somos especialistas en verla y no porque existe así, como una forma claramente delineada. Estudiamos la familia porque la vemos, y la vemos porque la evocamos con nuestros modelos y nuestro interrogatorio. En el presente—y en cualquier otra época—vivimos inmersos en redes múltiples, complejas y en evolución de entre las cuales "extraemos" la familia cuando preguntamos, por ejemplo, "¿Quiénes forman parte de su familia?", evocando así, tanto en nosotros como en nuestro interlocutor, conjuntos consensuales, legales, culturales y, a veces, emocionales.

Querría complementar esta tesis constructivista con una ecuación un tanto mundana: las familias de clase media son a la terapia familiar lo que los estudiantes universitarios son a la psicología experimental. Como sabemos, buena parte del edificio monumental de la psicología (en particular, la psicología experimental norteamericana) ha sido construido a partir de datos producidos por incontables estudiantes que han participado como sujetos de un sinnúmero de experimentos. Esta fuente de datos condujo a la mayoría de las formulaciones en las que se basa la psicología actual. A su vez, la terapia familiar se construyó, con pocas excepciones, sobre la base de incontables familias de clase media observadas en los consultorios de terapeutas, quienes efectuaron generalizaciones que luego adquirieron un valor universal. (Puede que haya, por cierto, algunas excepciones notables, tales como el libro *Families of the Slums* de Salvador Minuchin y colaboradores pero, aun en ese caso, ¿con qué parámetros se compararon dichas familias de clase baja? ¡Con los de la clase media!)

Los prejuicios culturales y de clase implícitos en ambos casos —la psicología y la terapia familiar— son tan vastos que todo intento de tomar distancia de esa perspectiva sesgada es agotador. El haber cambiado de ámbito geográfico —¡una vez más!— pocos meses atrás puede que me haya ayudado un poco en ese arduo proceso de búsqueda de la bendita grieta ocasional en mi visión del mundo: las mudanzas y las migraciones tienden a cubrir a los participantes con una pátina de mayor distanciamiento (¿se trata de una metaperspectiva, o de despersonalización, o, tal vez, tan sólo de confusión?). El hecho de que mi nuevo entorno profesional incluyera la experiencia de trinchera de un servicio psiquiátrico para pacientes de diversas clases sociales y grupos culturales —aun cuando pocos pertenecieran a minorías culturales en el sentido étnico tradicional del término— contribuyó aun más al cambio.

En la esperanza de sobrecargar un poco los sentidos del lector y, tal vez, de incrementar de ese modo sus incertidumbres, permítaseme presentar a algunos de los pacientes del sector internación de mi Departamento de Psiquiatría.

Descubrimos que la red de apoyo social más significativa de esa mujer de treinta años con diagnóstico de esquizofrenia paranoide ha sido, durante los últimos dos años, un grupo de cinco mujeres con quienes comparte una vivienda subsidiada. Todas son usuarias frecuentes del sistema de salud mental, dos de ellas rotuladas como sociópatas y tres como esquizofrénicas. ¿Debemos incluir también en la red a nuestra institución y a otras similares, a las que esta mujer tiene acceso y con las que cuenta como parte estable de su red? ¿Podemos incluir a su ex marido, un veterano de Vietnam muy perturbado, con quien nuestra paciente puede contar a veces, según el curso aparentemente caprichoso de sus propias vicisitudes? ¿Debemos tal vez agregar a su madre, quien desde hace doce años permanece internada en un hospital estatal para pacientes psiquiátricos crónicos?

¿Y qué opinan de este hombre de veinticinco años, que se lanzó a través de una ventana de su casa en un intento de suicidio? (aunque fue a dar, a salvo, sobre el techo de un departamento vecino). Dijo haberlo hecho porque temía lastimar a su esposa. ¿Debemos incluir en nuestra concepción de su familia a su esposa, que es también su hermanastra —es decir, hijastra del padre del paciente—, con quien se casó después de tener un hijo con ella? ¿Incluimos también a su padre, quien abandonó a la madre del paciente cuando éste tenía un año, para no volver a verlo hasta que el hijo lo buscó veinte años después? ¿Y la abuela, que fue realmente quien lo crió en otra provincia? El padre, alcohólico crónico, trabaja como cocinero. Aun cuando no recibió a su hijo con efusiones de entusiasmo, tampoco lo ahuyentó. El paciente trabaja actualmente como lavacopas en el mismo restaurante. ¿Debemos incluir también a la confidente principal de ambos, la cajera y factotum cincuentona del restaurante? ¿Y la patota de la que él forma parte? ¿Dónde y cuándo debemos establecer el límite? ·

La paciente que sigue es una señora de sesenta años, deprimida en extremo. ¿Debemos invitar a su marido, quien se encuentra internado en un asilo de ancianos, devastado por la enfermedad de Alzheimer? ¿O al hermano de su marido, cuya reciente mudanza a otro estado desató la depresión de la paciente? Desde hace un par de años está viviendo en un parque de casas rodantes, al que se mudó para estar cerca de su marido, cada vez más deteriorado. ¿Debemos incluir a sus vecinos actuales? ¿Son accesibles?

Etcétera, etcétera.

La primera pregunta que me surge es, ¿para quién es significativa la red? ¿Para nosotros, los especialistas en salud? ¿Para ellos, los miembros de la familia? ¿Dónde trazamos los límites del microsistema familiar, si es que tal cosa como un límite es trazable? ¿Y cómo lo operacionalizamos, más allá de definir su atributo de crisol primario para la socialización de niños y adolescentes? La inmutabilidad del vínculo familiar es, por supuesto, sólo un artificio lingüístico: un vínculo que posee un nombre que lo denote, persiste, por definición, en tanto sobrevivan las personas ligadas por ese vínculo. Los vínculos no familiares, por el contrario, poseen nombres vagos e indefinidos, independientemente de cuán persistentes prueben ser. De hecho, el acto de nombrar un vínculo genealógico lleva consigo la atribución de estabilidad y fortaleza. Lo contrario ocurre con los vínculos no familiares —tal vez con la excepción del nombre de ciertos vínculos no familiares específicos tal como padrino y madrina, considerados en países hispanoparlantes tan inmutables y tan estables (o tan débiles) como los vínculos familiares. Se podría argüir que, cuando las papas queman, las relaciones consanguíneas son más de confiar que las otras. Esta afirmación se prueba a veces acertada y a veces no y, aun en los casos en que lo es, puede ser el simple resultado de que la gente no moviliza los vínculos de la red no familiar no porque carecen de efectividad sino porque no se sienten con derecho a hacerlo. A su vez, con cierta frecuencia las redes familiares son activadas más por expectativas y presiones sociales que por impulsos de lealtad. De hecho, si ponemos a prueba esta proposición de manera estable puede que descubramos que muchas relaciones para las que no existe rótulo responden con un monto de interés, responsabilidad y lealtad no equiparado por muchas de las nombrables. Se podría argüir, en tono conciliatorio, que tal vez merezca la pena hablar de recursos internos —familiares— y recursos externos —de red—. Pero si los límites entre los recursos internos y externos son tan permeables o débiles o caprichosos como parecían serlo en el curso de nuestra visita al sector internación (y en nuestra práctica clínica cotidiana), esa demarcación de campos, ¿posee algún significado?

Podría argumentarse, en un esfuerzo por confundir las cosas, que los límites de la familia son de trazado particularmente difícil en este período de transición social. Con todo, *todo período es un período de transición*. Esta afirmación, por obvia que resulte, constituye un argumento poderoso que enfatiza que nuestra empresa científica en el campo de las ciencias sociales y del comportamiento debe estar bajo revisión constante. Los terapeutas, enfrentémoslo, tendemos a seguir los cambios culturales a una distancia discreta. Nuestras afirmaciones acerca de lo que vemos son afirmaciones acerca de lo que evocamos, y lo que en última instancia acabamos por estudiar se configura por razones que trascienden drásticamente nuestro pequeño dominio. Definimos una forma evolutiva fugaz tal como la familia con el objeto de aprehenderla, congelarla y estudiarla por lo que vale. Pero corremos el riesgo de confundir un recurso heurístico con una cosa (a menos que elijamos la vocación, no infrecuente en los especialistas en ciencias del comportamiento, de transformamos en neutralizadores normativos y en voceros de las fuerzas conservadoras). Con el objeto de intentar compensar mínimamente esta tendencia a la reificación, se hace necesario recordar, una vez más, que el campo de la terapia familiar está en construcción permanente. El contexto cultural reorganiza una y otra vez cómo la familia se define a sí misma y cómo nosotros la representamos o construimos. Y eso no es ni bueno ni malo, es simplemente cómo son las cosas: los sistemas y el medio ambiente coevolucionan. Nuestro objeto de estudio, por lo tanto, no es "la verdadera familia", o "la visión que una persona dada tenga de la verdadera familia", sino la diversidad siempre cambiante de formas, redes y contextos sociales. El desafío es formidable. Requiere un constante cuestionarse y una constante reformulación, mientras observamos la coevolución del observador y lo observado.

En un artículo que apareció en un *American Psychologist* de 1974 centrado en psicología infantil, Shep White se pregunta cómo puede uno construir un barco en alta mar. Dice: "Imagínense viajando en un navío mientras está siendo construido, discutiendo con los otros tripulantes si deben hacer un barco a motor o un barco a vela, y discutiendo al mismo tiempo con los pasajeros acerca del puerto de destino del engendro". Esta metáfora representa acabadamente el desafío crucial de nuestra tarea en el campo de los estudios sobre familia y terapia familiar: estamos en alta mar, navegando en un barco a medio construir y debemos continuar reconstruyéndolo sobre la marcha, cuestionando una y otra vez nuestras premisas y las premisas acerca de nuestras premisas. Afortunadamente, debo agregar, puede que resulte innecesario hundir nuestro barco para reconstruirlo. A lo sumo, se hundirá a su debido tiempo cuando el material se debilite y se socave paulatinamente mediante nuestras ilusiones de certidumbre.

Introducción "cool": con los ojos de la imaginación

Te invito a que abras los ojos de tu imaginación y me acompañes en un viaje en el tiempo/espacio. Estamos en un vehículo ultramicroscópico que aumentará de tamaño a gran velocidad y que aumentará la distancia hasta su objetivo a medida que aumenta de tamaño. Miramos a través de la escotilla. Nuestro campo visual se inunda de partículas que parecen moverse en trayectorias al azar. A medida que nuestro tamaño aumenta y los objetos que observamos reducen su tamaño relativo y por lo tanto nuestro campo visual se expande, notamos súbitamente una relación armoniosa entre todas las partículas. Se trata, descubrimos, de elementos subatómicos, de electrones, neutrones y protones que configuran conjuntamente la guestalt mágica de la es-tructura orbital del átomo. Continuamos aumentando de tamaño y el átomo, que a la distancia anterior nos recordaba a una estrella con su constelación de planetas, se reduce a un punto. Nuestro campo visual se ve invadido progresivamente por un conglomerado de puntos gobernado por el azar. Aumentamos aun más la distancia y el desorden es seguido por el orden: el agregado aleatorio se vuelve una estructura molecular configurada por esos átomos. Con el aumento de la distancia emerge un nuevo período de azar: la colección de moléculas que ocupa ahora nuestro campo visual parecen arrojadas al acaso. Y, una vez más, con el incremento de la distancia y la expansión del campo visual emerge un nuevo ordenamiento: la organización armónica de los componentes de una célula. A medida que la distancia y el foco se expanden somos testigos de una progresión de imágenes de desorden y orden, de azar y pauta, que indican los pasajes sucesivos de un nivel de organización del sistema viviente al siguiente. Célula, tejido, órgano y organismo alternan con agregados desordenados. El foco de nuestro vehículo en continua expansión abandona ahora las fronteras de la piel y se catapulta a magnitudes más vastas. El organismo del que hemos emergido —tal vez un insecto, una ballena, o un ser humano— aparece ahora como una estructura finita actuando en un medio ambiente desordenado. Con todo, una visión aun más amplia nos muestra que lo que hemos definido como el medio ambiente del sujeto es a su vez una colección de estructuras/sistemas igualmente finitas, y que cada uno de estos organismos interactúa armónicamente —mostrando regularidades, siguiendo patrones— con otros organismos de naturaleza semejante o diferente: el nicho ecológico baila su propia danza. Dentro de ese nicho algunas de las formas interactúan con pautas más ceñidas, más predecibles: tal vez se trata de una asociación simbiótica entre especies, tal vez de una relación significativa de parentesco, tal vez una igualmente significativa de predador-presa. Pero nuestro viaje continúa sin interrupción y, al abandonar la dimensión de estos seres vueltos ya microscópicos por la distancia, observamos primero las ecorregiones y luego todo el navío estelar Tierra en su magnificencia, aislado en el espacio... hasta que adquirimos suficiente perspectiva como para permitirnos ver un agregado de cuerpos celestes dando tumbos en el espacio. Y luego, una vez más, a la distancia adecuada, súbitamente, esa colección se transforma en un todo y ese agregado se convierte en nuestro sistema estelar, el sol y sus planetas en órbitas armoniosas. Aumentamos todavía más la distancia hasta que el sol se reduce a un punto en la escotilla, la que se ve invadida por un manto de estrellas similares al sol que no muestran patrón alguno más allá del desorden. Otro pequeño salto de un millón de años luz y descubrimos un nuevo nivel de orden, nuestra galaxia, la Vía Láctea. Seguimos aumentando distancias y la misma Vía Láctea se reduce a una nebulosa, mientras notamos que otras nebulosas aparecen moteando nuestro campo visual. Allí, al borde mismo de nuestra ignorancia, nos detenemos. Y si esa vista panorámica del cosmos, sentados en su borde, nos marea, podemos revertir el derrotero y, pasando sucesivamente por múltiples capas de pautas y de caos, retornar a dimensiones y escenarios más familiares y, abriendo las puertas de nuestro vehículo maravilloso, respiramos profundamente el aire fresco y nos saludamos los unos a los otros al final de este viaje.

¡Y qué viaje ha sido! Una incursión a través de múltiples niveles alternantes de orden y desorden, de pautas y de caos, de sistemas incluidos en sistemas incluidos en sistemas incluidos en sistemas. (Mi propio viaje inicial a través de la multidimensionalidad de los sistemas naturales tuvo como guía al filósofo francés Edgar Morin, en el curso de una conferencia que dictó en 1980 en la Universidad de Stanford acerca de "Orden y Desorden". El estaba siguiendo, a su vez, el esbozo propuesto por el filme *Cosmic Zoom* producido varios años antes por el National Film Board de Canadá, que conduce al espectador desde la dimensión ultramicroscópica hasta el megacosmos, ida y vuelta en 8 minutos.)

Pautas o regularidades u orden (y, complementariamente, más allá de sus fronteras, irregularidad o desorden) son los rasgos que definen a un sistema, a todo sistema, a sistemas de cualquier nivel y magnitud. La selección y especificación de la frontera de un sistema está determinada por nuestra capacidad de aprehenderla, o bien por una definición operacional que propongamos acerca de qué es lo que elegimos considerar sistema *significativo*. De hecho, para toda observación, de lo micro a lo macrocósmico, si pretendemos "pensar sistémicamente" de manera viable, *tenemos* que hacer una opción operacional acerca de las variables o los procesos que definamos como relevantes para los propósitos de nuestro estudio o acción, y a través de ese proceso empobrecer nuestro conjunto de observables *casi* hasta perder ese nivel. El proceso activo de empobrecimiento mencionado más arriba debe ser cuidadosamente selectivo, pero es necesario y, lo que es más, inevitable. De hecho, a la larga, esto permite enriquecimientos subsiguientes a través de un análisis más complejo de sistemas supraordenados (en los que el sistema que elegimos estudiar está incluido), subordinados (que están incluidos en el sistema que hemos elegido estudiar) e intersectantes (aquellos cuyas fronteras exceden las del sistema en estudio, pero que incluyen algunos de sus elementos). El margen entre el nivel en el que la información es excesiva, y por lo tanto inmanejable, y aquel en el que la información es demasiado pobre, y por lo tanto irrelevante, es estrecho hasta el nivel de la irritación. Con todo, con el objeto de expandir nuestras herramientas para pensar, nuestros modelos, tenemos que reconocer y habitar precisamente ese margen.

No habrá escapado al lector que una formulación tal como "la naturaleza sistémica de todo agregado está determinada y reconstituida por la naturaleza pautada de las relaciones entre sus componentes" es abstracta y totalmente inespecífica. Pero ¿cómo especificar sus componentes, definir sus atributos, determinar sus relaciones, establecer las fronteras de esos agregados? O, tal vez más apropiadamente, ¿*quién* lleva a cabo esas operaciones, quién especifica, define, determina y establece? La elección de la unidad de análisis y de todas esas operaciones son *prerrogativa del observador* y no característica inmanente de lo observado. A través de las operaciones de definir el conjunto significativo de componentes, relaciones y atributos, el observador define la pertenencia y la pertinencia, y por lo tanto establece las fronteras de un sistema del que un observable dado es parte (y, por cierto, a través de esa operación, el *observador se incluye en el sistema*).

El foco de este libro, las redes sociales, no es una excepción: requiere un empobrecimiento y una utilización selectiva de ciertas variables a expensas de otras que pertenecen a sistemas supraordenados (tales como los procesos sociales más amplios) y a sistemas subordinados (tales como el individuo-en-tanto-sistema). Esa selección es operacional y será especificada en el capitulo 2. Su recorte deriva de la necesidad de definir, expandir y refinar este nivel de análisis y explorar exhaustivamente el poder de su aplicación clínica, lo cual, por cierto, merece hacerse con diferentes niveles sistémicos. Al mismo tiempo, mantendré, espero, una visión multinivel que nos recuerde una y otra vez las múltiples variables más allá y más acá de la red social que constantemente afectan y son afectadas por la dinámica de red. Y cuando no lo haga, ruego al lector que lo haga por mí... y por él o ella mismo/a.

2
La red social: proposiciones generales

El constructo o supuesto conceptual de "red social personal" o "red social significativa" ancla la óptica sistémica utilizada por la terapia familiar a las vicisitudes del entorno microsocial. Resonando con la propuesta de Gregory Bateson de que las fronteras del individuo no están limitadas por su piel sino que incluyen a todo aquello con lo que el sujeto interactúa —familia, entorno físico, etc.— podemos agregar que las fronteras del sistema significativo del individuo no se limitan a la familia nuclear o extensa, sino que incluyen a todo el conjunto de vínculos interpersonales del sujeto: familia, amigos, relaciones de trabajo, de estudio, de inserción comunitaria y de prácticas sociales. Este nivel intermedio de la estructura social resulta crítico para una comprensión más acabada de los procesos de integración psicosocial, de promoción del bienestar, de desarrollo de la identidad y de consolidación de los potenciales de cambio, y, complementariamente, ilumina también los procesos de desintegración psicosociales, de malestar y del enfermar, de trastornos de la identidad, y de perturbación de los procesos de adaptación constructiva y de cambio. Constituye así una instancia necesaria para poder desarrollar una labor clínica en el campo de la salud mental, manteniendo una óptica ecosistémica responsable.

Tal como lo discutía en el prólogo, merece recordarse que la decisión acerca de *en qué lugar trazar la frontera* de la red social significativa (en otras palabras, la definición operacional de "significativa") es, en cierta medida, arbitraria, y se lleva a cabo por razones más prácticas que conceptuales, a saber, para no perdernos en la inmensidad de la red macroecológica de la especie-en-contexto. Este nivel de procesos es intuitivamente especificable por el que informa u observa: puedo percatarme sin mucha dificultad de que para mí tendrá un impacto muy diferente una vicisitud perturbadora —un accidente de tránsito, por ejemplo— si éste le ocurrió a mi madre, a mi mejor amigo, a un compañero de trabajo, al diariero de la esquina, o a un campesino que cruzaba distraído una calle de Lima (aun cuando la teoría del caos nos recuerda que toda perturbación tiene efectos imprevisibles: ¡considera el efecto que tendría ese campesino hipotético en *tu* vida si tienes la costumbre riesgosa de leer mientras caminas por la calle, y estás leyendo precisamente esta frase acerca de ese campesino en este libro mientras cruzas distraídamente una bocacalle, y ocurre que te atropella un automóvil!). Mediante una indagación apropiada es posible discriminar entre la microrred social personal (entre *mi* red social significativa, o la tuya, o la del sujeto o subgrupo al que definamos como quien describe) y la red "macro" que incluye la comunidad de la que formamos parte, nuestra sociedad, nuestra especie y nuestra ecología. Para subrayar la naturaleza arbitraria de esa frontera basta traer a colación que los paradigmas de red son también utilizados para implementar acciones educativas y comunitarias movilizando redes sociales mucho más vastas, lo que constituye el sello distintivo de trabajos pioneros en lo que Elina Dabas y su equipo (Dabas, 1993) llama, apropiadamente, "red de redes". La complejidad de un trazado inclusivo de los sistemas de red social está esbozado en la *figura 1*, a su vez una simplificación espartana de esa interpenetración (a la manera que las constelaciones simplifican la enorme complejidad del mapa estelar).

El concepto de red social fue desarrollado y refinado de manera acumulativa pero desordenada por una serie de autores. Merece citarse entre ellos a Kurt Lewin (1952), cuya

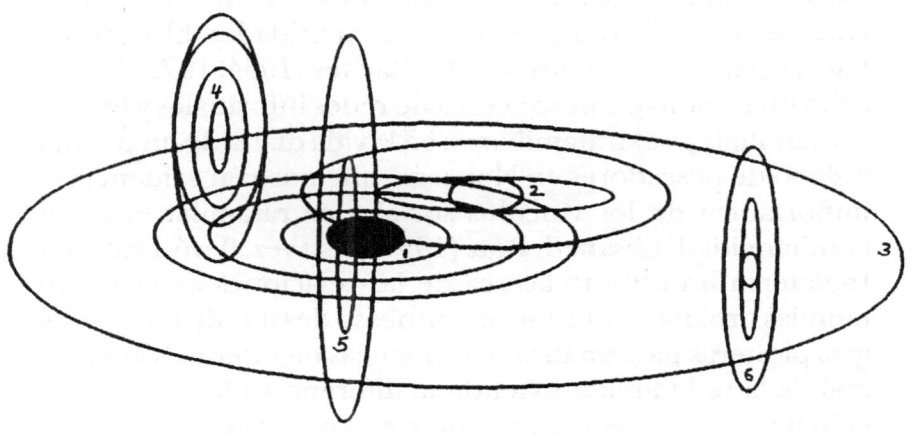

Figura 1. Sistema de redes

1. La red social personal, con el informante en el centro, y sus círculos concéntricos de relaciones con intensidad e intimidad decreciente.

2. Una de las muchas redes de las que el individuo es miembro periférico (la red perteneciente a uno de los miembros periféricos de la red del informante).

3. Una de las muchas redes supraindividuales a las que miembros individuales pertenecen sin conocerse entre sí (red de todas las personas que son feligreses de una misma iglesia, o miembros de un mismo club, o alumnos de una misma escuela, o miembros de una misma minoría).

4. Una de las muchas redes de las que el individuo no es miembro, aun cuando algunos miembros de su red lo son.

5. Una de las muchas redes de las que el individuo es miembro, pero pocos o ninguno de los otros miembros de su red lo son.

6. Una de las muchas redes de las que ni el individuo ni otros miembros de su red forman parte, pero cuyas vicisitudes pueden afectar indirectamente a la red del individuo.

teoría del campo incluye explícitamente variables centradas en las relaciones sociales informales. Jacob L. Moreno (1951), el creador del psicodrama, desarrolló el concepto de psicología geográfica y una técnica sociométrica, el sociograma, para esbozar un mapa de la red de relaciones —del tipo de "quién conoce a quién"— en grupos y en comunidades. El antropólogo social norteamericano John Barnes (1954, 1972) llevó a cabo un estudio pionero acerca de redes informales y formales, familiares y extrafamiliares, en la vida diaria de un pueblo aislado de pescadores en Noruega, que puso en evidencia la importancia de los vínculos sociales extrafamiliares en la cotidianeidad. Elisabeth Bott (1957), a su vez, llevó a cabo en Inglaterra un estudio acerca de las relaciones externas de familias urbanas, y durante ese proceso desarrolló metodologías pioneras para analizar las prácticas de interacción informal de la red familiar extendida, diferenciando la composición de la red (aspectos tales como el porcentaje de la red que está constituida por familia o que pertenecen a la misma religión, la distancia geográfica entre el informante y los miembros significativos de su red, etc.), la estructura de la red (rasgos tales como densidad, agrupamiento en subredes o conjuntos, etc.) y los contenidos de las interacciones (aspectos tales como el apoyo que se brindan, la información práctica, los consejos, etc.). Erich Lindemann (1979), el creador de la "teoría de crisis", resaltó a través de sus escritos la posición central de la red social personal —familiar y extrafamiliar— de un individuo en la codeterminación de los efectos a corto y largo plazo de una situación de crisis. Finalmente, Ross Speck y Carolyn Attneave (1973; véase también Speck 1987), trabajando originariamente en las mismas comunas contraculturales en las que Speck vivía, así como Uri Rueveni (1979), aplicaron estas nociones de manera pionera al combinar en reuniones terapéuticas a la familia extensa con la red informal de relaciones, para el manejo de pacientes en crisis.

El grado de visibilidad del lenguaje de "red social", y la atención que le ha sido prestada en términos de prácticas clínicas por el campo de la salud mental en general, y el de la terapia familiar en particular, ha fluctuado dramáticamente en el curso de los últimos treinta años. Así, el modelo de red tuvo una centralidad inicial notoria con la publicación de los trabajos arriba mencionados de Speck y Attneave, resonando con la ideología y las prácticas del movimiento de salud mental comunitaria. Con todo, con el aumento de la especialización territorial del campo de la terapia familiar, y con la involución progresiva de los proyectos de psiquiatría comunitaria, estos modelos perdieron visibilidad. Esto se expresó en una reducción llamativa de las contribuciones acerca de la red social en el conjunto creciente de publicaciones profesionales sobre terapia familiar y sobre salud mental. Hubo un esfuerzo fallido de revitalización por parte de los fieles al modelo a través de la creación de un par de revistas destinadas a los trabajos sobre red, pero estas publicaciones desaparecieron al poco tiempo, víctimas de la baja demanda temática especializada, algo bastante razonable, considerando que las terapias de red no son intervenciones exclusivas sino inclusivas. Con todo, en épocas recientes ha tenido lugar un cierto renacimiento del interés en ese tema en diversas partes del mundo, incluyendo publicaciones en Suecia (Klefbeck et al., 1986), Holanda (Baars et al., 1990), Bélgica (Elkaim, 1987), los Estados Unidos (Anderson y Carter, 1990; Pilsuk y Hiller Parks, 1986; Whittaker y Garbarino, 1983) y Argentina (Dabas, *op. cit.*). A esta lista merecen agregarse las estrategias "macro" desarrolladas en la actualidad en el ejido de Nueva York por Salvador Minuchin y su equipo para transformar los procesos y los objetivos de agencias públicas de servicios sociales de protección al menor, experiencia que será publicada en un futuro cercano (cfr. también Fine, 1993), así como muchos experimentos terapéuticos que tienen lugar, casi en secreto para no molestar al "establishment" psiquiátrico, en servicios de psiquiatría, salud mental y trabajo social en muchas partes del mundo.

El modelo de la "red social"

Los contextos culturales y subculturales en los que estamos sumergidos, los contextos históricos, políticos, económicos, religiosos, de circunstancias medioambientales, de existencia o carencia de servicios públicos, de idiosincrasias de una región o un país o un hemisferio, sostienen y forman parte del *universo relacional* del individuo. En un nivel más microscópico, a su vez, *la red social* personal puede ser definida como la suma de todas las relaciones que un individuo percibe como significativas o define como diferenciadas de la masa anónima de la sociedad. Esta red corresponde al nicho interpersonal de la persona, y contribuye substancialmente a su propio reconocimiento como individuo y a su imagen de sí. Constituye una de las claves centrales de la experiencia individual de identidad, bienestar, competencia y protagonismo o autoría, incluyendo los hábitos de cuidado de la salud y la capacidad de adaptación en una crisis (Sluzki 1979; Steinmetz, 1988).

La red social personal puede ser registrada en forma de mapa mínimo que incluye a todos los individuos con los que interactúa una persona dada. El mapa puede ser sistematizado en cuatro cuadrantes, a saber:

- familia,
- amistades,
- relaciones laborales o escolares (compañeros de trabajo o estudios), y
- relaciones comunitarias, de servicio (por ejemplo, servicios de salud) o de credo.

Sobre estos cuadrantes se inscriben tres áreas, a saber:

- un círculo interior de relaciones íntimas (tales como familiares directos con contacto cotidiano, y amigos cercanos);
- un círculo intermedio de relaciones personales con

menor grado de compromiso (tales como relaciones sociales o profesionales con contacto personal pero sin intimidad, "amistades sociales", y familiares intermedios), y

• un círculo externo de conocidos y relaciones ocasionales (tales como conocidos de escuela o trabajo, buenos vecinos, familiares lejanos, o cofeligreses).

El conjunto de los habitantes de ese mapa mínimo (marcados con puntos), o, aun mejor, de esos vínculos (marcados con líneas entre dos o más puntos), constituye la red social personal del informante (véase *figura 2* en pág. 44).

Este mapa constituye, por cierto, un registro estático del momento que se releva o de algún momento del pasado reconstruido por el informante.[1]

La frontera de la red social informal posee una operacionalización de hecho más borrosa que la frontera de la familia, cuyos vínculos se caracterizan por poseer nombre ("primo", "tío segundo", "aun 'ex cónyuge'"). Esto hace necesario especificar en cada caso, al menos con propósitos de investigación, los criterios de inclusión en red. Por ejemplo, cuando se evalúa la red social de un niño, ¿se incluye a todos los compañeros de la escuela o sólo a aquellos con los que interactúa también fuera de la escuela?; cuando se evalúa a un anciano que vive solo, ¿incluimos al diariero de la esquina? ¿Y si ese diariero fuera una de las pocas personas que lo saludan por su nombre? En la práctica clínica, la frontera de la red puede ser establecida a través de preguntas destinadas

---

[1] Bronfenbrenner (1979), en su discusión acerca de los procesos evolutivos del niño desde una perspectiva sistémica, propone un mapa de red que sigue ejes más tradicionales: un círculo interior microsistémico, correspondiente a la familia, un círculo intermedio o mesosistémico, correspondiente a la red social personal, y un círculo externo o macrosistémico, correspondiente a la sociedad, incluyendo los valores de la cultura, el poder político y económico, etc. Cada nivel tiene su dinámica y su *tempo* propios, si bien se ven afectados y pueden a su vez afectar a los otros.

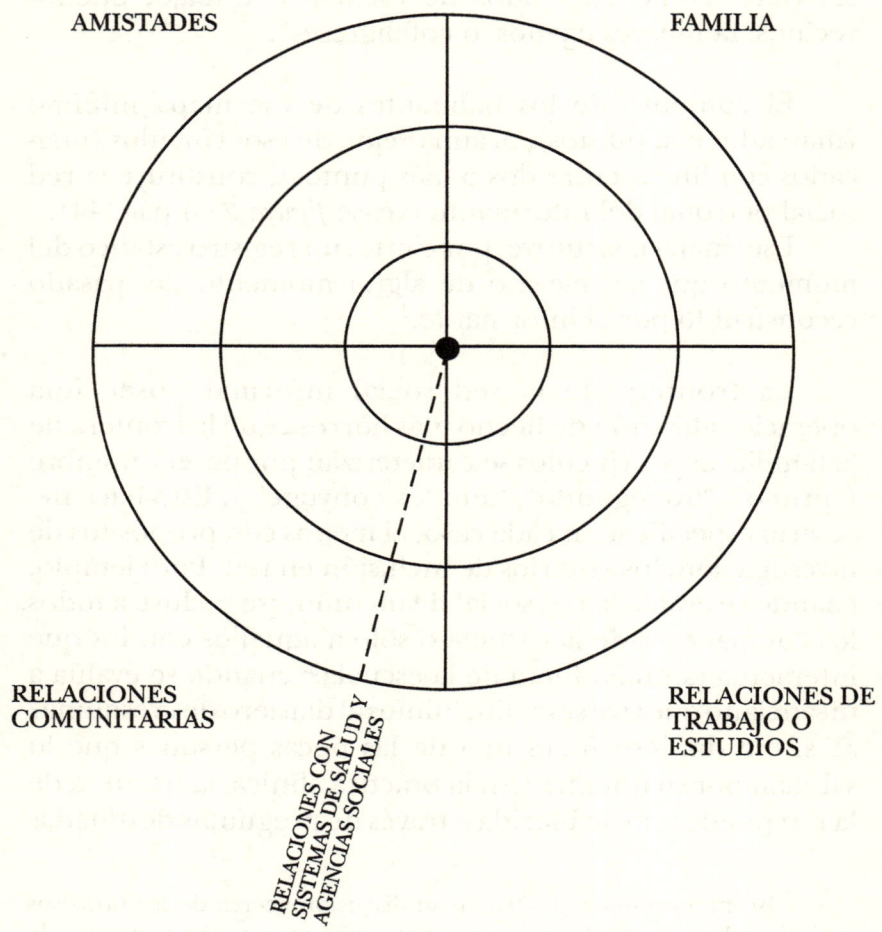

Figura 2. Mapa de red

a definir sus integrantes, tales como: "¿Quiénes son la gente importante en tu vida?" "¿Con quién has hablado, o te has visto, esta última semana?" "Cuando tienes ganas de hacer un poco de vida social, ¿a quién llamas?" "¿Quién es, o podría ser, tu paño de lágrimas?" "¿Con quién te ves regularmente?" etcétera.

Ese registro puede enriquecerse (y a veces esto constituye de por sí una intervención terapéutica importante) mediante la pregunta: "¿En qué dirección crees que se está moviendo tu relación con esta persona, hacia un *aumento* de la intimidad ('hacia adentro'), hacia una reducción de la intimidad ('hacia afuera'), o *sin cambios* previsibles?", después de lo cual se puede agregar al punto que indica al individuo o a la línea que denota a la relación una flecha que indica la "dirección" del movimiento de la relación con el informante.

La red puede ser evaluada en términos de sus *características estructurales* (propiedades de la red en su conjunto), de las *funciones de los vínculos* (tipo prevalente de intercambio interpersonal característico de vínculos específicos y de la suma o combinación del conjunto de vínculos) y de los *atributos de cada vínculo* (propiedades específicas de cada relación).

Características estructurales

Las características estructurales de la red son:

• *tamaño*, es decir, número de personas en la red. Hay indicaciones de que las redes de tamaño mediano son más efectivas que las pequeñas o las muy numerosas. Las redes mínimas son menos eficaces en situaciones de sobrecarga o tensión de larga duración, ya que los miembros comienzan a evitar el contacto para evitar la sobrecarga ("¡Cada vez que me encuentro con él, se queja y me llora por horas! ¡No lo puedo aguantar más... por lo que dejo el teléfono descolgado!") o, en caso contrario, tienden a sobrecargarse (el caso típico es la cónyuge de un paciente anciano con enfermedad de

> tamaño
>
> densidad
>
> composición (distribución)
>
> dispersión
>
> homogeneidad/heterogeneidad
>
> atributos de vínculos específicos
>
> tipo de funciones

Figura 3. Características estructurales de la red

Alzheimer sin mucha otra familia en derredor, esclavizada en todos los cuidados básicos de una persona totalmente incapacitada; se los llama, con razón, "las víctimas ocultas de la enfermedad"). Las redes muy numerosas, a su vez, corren el riesgo de la inacción basadas en el supuesto de que "ya alguien se debe estar ocupando del problema". Factores que afectan el tamaño de la red incluyen las migraciones y relocaciones (que reducen dramáticamente el tamaño, si no el acceso, de la red), y el paso del tiempo (la red social de las personas ancianas se reduce por desgaste, elegante eufemismo por "debilitación o muerte de sus habitantes", y por falta de acceso a la renovación; cfr. capítulo 7);

• *densidad*, es decir, conexión entre miembros independientemente del informante (amigos míos que son amigos entre sí; parientes cercanos que son a su vez íntimos entre sí; etc.); un nivel de densidad medio favorece la máxima efectividad del grupo al permitir cotejamiento de impresiones ("La noto deprimida. ¿A ti qué te parece?"); una red con nivel de densidad muy alto favorece la conformidad en sus miembros —presión para la adaptación del individuo a las reglas del grupo— y, si la desviación individual persiste, favorece la exclusión del individuo de la red, y tiene asimismo más inercia y un nivel de efectividad más bajo; un nivel de densidad muy bajo reduce la efectividad por la falta del efecto potenciante del cotejamiento; con todo, la evaluación de la dimensión "densidad" debe complementarse con análisis más cualitativos, tales como detectar la presencia de subsistemas coherentes o conjuntos (*clusters*) en la red (que poseen en general mayor poder e influencia) y su relación con el individuo;

• *composición* o *distribución*, es decir, qué proporción del total de miembros de la red está localizada en cada cuadrante y cada círculo; las redes muy localizadas son menos flexibles y efectivas, y generan menos opciones que las redes de distribución más amplia; esto se aplica tanto a la distribución en cuadrantes como en círculos; así, hay gente cuya red significativa se centra en "familia", de la que dos miembros (por ejemplo, una hermana y el marido) se localizan en el círculo interior y el resto en el círculo intermedio, cosa que hace a la informante muy dependiente de esas dos personas centrales, y de la familia en general; con todo, debe también recordarse que las redes muy amplias pero homogéneas (tal como el caso de las sectas o cultos fanáticos) muestran más inercia y por lo tanto menos reactividad;

• *dispersión*, es decir, la distancia geográfica entre los miembros, lo que, obviamente, afecta la facilidad de acceso al y del informante, y por lo tanto afecta tanto la sensibilidad de la red a las variaciones del individuo como la eficacia y velocidad de respuesta a las situaciones de crisis. Otros autores prefieren definir esta variable como *accesibilidad*, es decir, facilidad de acceso o contacto para generar comportamientos efectivos. La utilización de la distancia geográfica para evaluar esta variable está en proceso de revisión constante, gracias a adelantos recientes tales como las redes de computadoras tipo Internet, que generan nuevas posibilidades de acceso a redes intensas, altamente reactivas y potencialmente sensibles;

• *homogeneidad* o *heterogeneidad* demográfica y sociocultural, es decir, según edad, sexo, cultura y nivel socioeconómico, con ventajas e inconvenientes en términos de identidad, reconocimiento de señales de estrés, activación y utilización;

• *atributos de vínculos específicos*, tales como intensidad o tropismo, es decir, compromiso y carga de la relación, durabilidad, historia en común; y

• *tipo de funciones* cumplidas por cada vínculo y por el conjunto, lo que será discutido a continuación.

Funciones de la red

El tipo prevalente de intercambio interpersonal entre los miembros de la red determina las llamadas funciones de la red. Un listado discreto de esas funciones incluye:

---

compañía social

apoyo emocional

guía cognitiva y consejos

regulación social

ayuda material y de servicios

acceso a nuevos contactos

Figura 4. Funciones de la red

- *compañía social*, es decir, la realización de actividades conjuntas o simplemente el estar juntos; ciertas reacciones de duelo extremo de individuos a continuación de la muerte de un cónyuge con quien "hablaban poco y tenían pocos intereses en común" se liga a la pérdida de la compañía social de esa persona con quien, simplemente, compartían la rutina cotidiana;

> *"Hasta aquí nomás": un ejemplo de compañía social*
>
> *Juana, quien fue mi niñera y que actualmente está promediando sus 80 años, cuando le pregunté hace poco tiempo qué era de la vida de una amiga suya con la que se reunía con bastante frecuencia desde hacía un número de años, me respondió: "Dejé de verla. Y no es para menos. ¡Mira qué atrevida: se puso a darme consejos de qué hacer con mi apartamento! ¿Quién se cree que es? Está bien que salíamos casi todas las semanas a dar una vuelta, tomar un té, ir al cine, ¡pero eso no le daba derecho a decirme qué hacer!"*
>
> *Este comentario establece bien en claro que ese vínculo había sido definido por Juana como gozando de los rasgos y privilegios de la "compañía social", y definitivamente no de "guía cognitiva y de consejos", y que de alguna manera esa restricción no había sido discriminada tan refinadamente por esa buena señora, la que fue expulsada de la red sin miramientos.*

- *apoyo emocional*, es decir, intercambios que connotan una actitud emocional positiva, clima de comprensión, simpatía, empatía, estímulo y apoyo; es el poder contar con la resonancia emocional y la buena voluntad del otro; es el tipo de función característica de las amistades íntimas y las relaciones familiares cercanas con un nivel bajo de ambivalencia; para subrayar la diferencia entre esta función y la anterior, algunos autores diferencian entre "interactores frecuentes" y "relaciones de intimidad" (algunos compañeros de trabajo, por ejemplo, pueden ser interactores frecuentes pero no íntimos, algunos familiares íntimos pueden ser tanto interactores frecuentes como íntimos, etcétera);

> "*Un rayo de luz en la oscuridad*": *un ejemplo casi puro de apoyo emocional*
>
> *Un amigo querido que pasó tres semanas de terror "desaparecido" en un centro de torturas hace ya un número de años me comentó con emoción lo importante que había sido para él la presencia de uno de los carceleros (a quien sólo reconocía por la voz, ya que los prisioneros estaban en todo momento encapuchados y con los ojos vendados) quien, por alguna razón o ninguna se comportó de manera compasiva con él, trayéndole, por ejemplo, una frazada para cubrirse cuando yacía tiritando en el piso de la celda, recomendándole en voz baja técnicas para reducir el dolor durante las sesiones de tortura, y otros actos caritativos de índole similar. Para mi amigo, esa voz y esa presencia constituyeron un puente de humanidad en ese mundo inhumano, y esos actos fueron cruciales no sólo por su valor "práctico" sino, fundamentalmente, por su valor emocional en ese contexto terrible.*

- *guía cognitiva y consejos*, es decir, interacciones destinadas a compartir información personal o social, aclarar expectativas, y proveer modelos de rol;

- *regulación (o control) social*, es decir, interacciones que recuerdan y reafirman responsabilidades y roles, neutralizan las desviaciones de comportamiento que se apartan de las expectativas colectivas, permiten una disipación de la frustración y de la violencia, y favorecen la resolución de conflictos. Muchos de los ritos y rituales sociales actúan como recordatorio de esas restricciones.

"SOSTENÉME QUE SI NO LE PEGO": UN EJEMPLO DE REGULACIÓN SOCIAL

Tomando el desayuno con un amigo y colega una mañana temprano en la vereda de una de esas hermosas plazas pequeñas de Barcelona rodeada de edificios, fuimos testigos y participantes de una situación insólita para nosotros, a saber, el desarrollo de una pelea violenta entre una prostituta y su macró, ambos borrachos o drogados. Comenzó con ambos sentados en un banco de la plaza, él bebiendo de una botella de vino o licor. Ella le pidió bruscamente que le pasara la botella (su brusquedad vociferante fue lo que comenzó a atraer la atención pública), él siguió bebiendo impertérrito, ella le tiró un manotazo, y él le pegó una cachetada que la dejó de bruces en el suelo, donde quedó inmóvil por unos diez segundos mientras que él, siempre sentado en ese banco de plaza, seguía bebiendo con indiferencia. Ella se levantó, y de atrás le pegó una trompada en la nuca y después salió corriendo. El se lanzó tras ella y le hizo una zancadilla certera que la plantó nuevamente de bruces en el suelo —la cara de ella ya marcada por el pedregullo— mientras él retornaba al banco. Ella se quedó nuevamente inmóvil en el suelo por unos diez segundos, luego se levantó, corrió hasta el banco, cogió la botella que estaba junto a él y se la partió por la cabeza, para después salir corriendo otra vez. El se puso de pie, corrió una vez más tras ella, le hizo otra zancadilla que la arrojó nuevamente de bruces al suelo, y le pegó un par de puntapiés mientras ella yacía inmóvil. Todo esto ocurrió con una alternancia de períodos de violencia silenciosa y de insultos a los gritos, predominantemente por parte de ella.

Querría poner el acento en el comportamiento de la treintena de testigos de ese episodio, nosotros dos incluidos. El corrillo funcionaba como un sistema homeostático de doble relay. Por una parte, la apariencia facinerosa y el nivel de intoxicación de los protagonistas poseía un efecto aversivo: era mejor mantenerse a prudencial distancia para evitar tornarse uno

> *en blanco de su violencia (fantaseando un "¿Y tú quién te crees que eres para...?"). Por otra parte, la responsabilidad social nos lleva a intentar interferir en actos de violencia para con el prójimo, aun más cuando la violencia escala hasta adquirir dimensiones realmente peligrosas. Esto impulsaba a la gente a acercarse para interponerse entre los actores principales (además de que varios dieron instrucciones a viva voz a diversas personas que aparecieron en los balcones, atraídos por la alharaca, de llamar a la policía). Así, en aquellos momentos de la pelea en los que la violencia arreciaba, el corrillo de espectadores, que se había mantenido a prudencial distancia desde las veredas y como haciéndose los distraídos, reducían su distancia con la pareja, cosa que tenía el efecto claro de generar una masa de testigos que, por mera presencia así como por nuestras exhortaciones, extinguía la escalada de la violencia. En cambio, nuestra distancia del centro de la acción aumentaba notoriamente cuando ocurrían los intervalos entre los episodios de violencia. Ese cuerpo de ballet envuelto en movimientos consunos de acercamiento y distancia se disolvió en el momento en que apareció la guardia civil (ella estaba para entonces sentada en el suelo y él nuevamente en el banco, ambos sangrando) para transformarse en pequeños corrillos que quedaron comentando animadamente los sucesos.*

Otro ejemplo igualmente gráfico de control social lo constituye una práctica característica de las sectas, a saber, la de no permitir que ninguno de sus conversos recientes tengan un encuentro con familiares o amigos "de antes de la conversión" a menos que el contacto tenga lugar en una de las sedes del culto y con la presencia obligatoria de un representante sólido de la secta que "lo cuide de las contaminaciones y los riesgos del contacto con esa gente". Habitualmente ese representante opera con poder de veto otorgado, como prueba de su buena fe, por el nuevo miembro reclutado (Singer, 1995).

Un tercer ejemplo, esta vez "por la negativa" (es decir, en el que lo típico es la ausencia de red social y por lo tanto de control social) lo proveen las familias en las que ocurre incesto o violencia. Una de sus características más salientes es que se mantienen consistentemente aisladas de toda red social, es decir, sin establecer o aceptar contacto con gente que vive en la vecindad, y manteniéndose a distancia geográfica y emocional de sus familias de origen, con poca actividad social y pocas visitas. La rigidez de fronteras y pobreza de red, su fraccionamiento y su baja densidad reduce al mínimo la presencia del exogrupo. Esto reduce a su vez la presión para el mantenimiento de las normas sociales, ya que el ojo del prójimo contribuye a controlar o cuestionar los comportamientos desviados. Aun más, el aislamiento social acaba por generar las condiciones que favorecen precisamente dichos comportamientos desviados: la falta de todo otro contacto social nutritivo transforma a la familia nuclear en un sistema cerrado autoabastecido y sin opciones, lo que favorece el incesto así como la violencia. Un fenómeno similar suele ocurrir también en las familias en las que el uso de alcohol y drogas está sumamente difundido.

• *ayuda material y de servicios*, es decir, colaboración específica sobre la base de conocimiento experto o ayuda física, incluyendo los servicios de salud. De hecho, los terapeutas y otros trabajadores de salud mental suelen constituir un componente importante de la red de muchos pacientes psiquiátricos crónicos (lo que será ilustrado más adelante con el ejemplo clínico "No hay nada como el hogar" del capítulo 3); y

• *acceso a nuevos contactos*, es decir, la apertura de puertas para conexión con personas y redes que hasta entonces no eran parte de la red social del individuo; éste es potencialmente un atributo de toda relación, pero aparece como rasgo importante sólo en algunas.

Cada vínculo de la red puede cumplir muchas de estas funciones. Así, tal vez tienes una hermana con la que no compartes tus intimidades pero que es perfecta como acompañante cuando estás enferma: se constituye en interlocutor apto para charlas livianas, mientras pone un poco de orden en tu dormitorio (compañía social y ayuda material). En cambio, una amiga tuya íntima es tu paño de lágrimas para las penas del alma (apoyo emocional), pero no para las miserias del cuerpo, que no puede entender porque ella no se enferma nunca; con todo, es ella quien te ha invitado a su círculo de lectura, que incluye a seis mujeres a quienes no conocías y que se están transformando en buenas amigas tuyas (acceso a nuevos contactos). Y, cuando tú entras a tu lugar de trabajo, el saludo deferente del recepcionista te recuerda quién eres desde el punto de vista del rol social (regulación social), aun cuando esa misma persona puede ofrecerte recomendaciones acerca de un problema que tienes con tu automóvil (ayuda material), o pedirte que le escribas una recomendación para otro trabajo (también ayuda material, pero en la otra dirección).

Naturalmente, las relaciones íntimas familiares y de amistad suelen cubrir simultáneamente un número importante de funciones, muchas de las cuales, por su riqueza, complejidad o idiosincrasia, trascienden las especificaciones de este listado.

Los testigos: una experiencia personal

A partir de la muerte de mis padres en un accidente durante mi adolescencia, mi abuelo materno adquirió, sin que me diera mucha cuenta de ello, una función extremadamente importante para mí, que hasta entonces había estado cubierta obviamente por mis padres, o tal vez por uno de ellos: cada vez que aprobaba un examen en la universidad y, más adelante, que presentaba mis primeras conferencias y publicaba mis primeros artículos, mi abuelo era el primero en saberlo. Y no es que yo careciera de una red extensa. Por el contrario, gozaba de una familia extensa amplia y presente, y de un conjunto sólido de amigos y compañeros. Con todo, mi impulso era siempre de apresurarme a compartirlo con él, quien me felicitaba calurosamente y, en el caso de las conferencias y los artículos, leía el texto y me comentaba anécdotas de su vida pertinentes al tema. Con todo, cuando promedió su novena década de vida, mi abuelo tendió sabiamente a replegarse y a dedicar más atención a poner en orden sus propios recuerdos y conclusiones de una vida larga y rica, a expensas de dejar de prestar atención a eventos menores tales como mis pequeños logros. Al poco tiempo noté que yo había dejado de pasarle artículos y hacerle comentarios al respecto y que, por el contrario, parecía más interesado en las reacciones y los comentarios de uno de mis tíos, un profesional intelectualmente vigoroso e inquisitivo, que acabó recibiendo cuanta separata de artículo y copia de conferencia podía enviarle. Si bien era profesor de geología y cosas así, sus comentarios me resultaban siempre interesantes, pertinentes (a pesar de la distancia entre nuestras disciplinas) y bienvenidos. Su muerte relativamente temprana me devastó, no sólo porque le tenía cariño, sino porque su desaparición me deprivó de quien resultó ser el último de esa serie transgeneracional de espejos cálidos y generosos que habían contribuido a una suerte de historia evolutiva de yo-en-el-mundo, es decir, me confrontó con la realidad de que esa función, que podría llamar de "el

> *testigo", cumplida por mis padres, luego por mi abuelo, y finalmente por él, no tendría ningún otro ocupante externo, que desde entonces yo sería mi único propio testigo.*
>
> *Debe quedar claro que lo que acabo de describir es el producto de un proceso reconstructivo que tuvo como punto de partida mi esfuerzo por entender la intensidad de mi reacción de dolor ante la muerte de mi tío, y no de un plan preconcebido de depositación de funciones en la gente de mi red. Dicho de otra manera, hasta esa muerte ni siquiera sabía que un habitante de mi red era "el testigo", ni que esa función había sido transferible pero que podía dejar de serlo. Con todo, se puede decir que yo la generaba meticulosamente —y mis contrapartes, a saber, respectivamente, mis padres, mi abuelo, y mi tío, otro tanto. Esa función no había sido cumplida por ninguna de las otras personas significativas de mi red, amigos queridos, familiares, maestros, ni aun, debo confesarlo después de muchos años, por ninguno de mis varios psicoanalistas. Mostró ser, por el contrario, una función altamente especializada, entrañablemente querida, y perdida para siempre (o tal vez, internalizada) a partir de la muerte del último de sus representantes.*

Como nota al pie de esa reminiscencia, me pregunto: si bien me ha sido posible detectar —o tal vez construir retrospectivamente— esa función, ¿cuántas otras funciones, o roles, o díadas especializadas, forman parte anónima de mi ser social, funciones que aún siguen activas —pasando de persona a persona— o se desvanecieron a su tiempo, con la extinción de su depositario o de mi necesidad de ella?

Las funciones de los vínculos se estabilizan a partir de su reiteración exitosa ("la prueba del tiempo"). Con todo, ciertos eventos especiales pueden transformar relaciones con funciones multifacéticas en vínculos que simbolizan una función, o aun un recuerdo específico.

"Matando al mensajero": una reminiscencia personal

Recibo un día una llamada telefónica de un colega psicoanalista a quien conocía de años atrás. Después de recordarme que él tenía como paciente a Mark, un médico psiquiatra amigo mío, me comentó, después de una serie de prolegómenos, que a su vez él había recibido una llamada de un dermatólogo de nota quien le informó que acababa de confirmar anatomo-patológicamente en Mark un diagnóstico de un cáncer sistémico de mal pronóstico. ¿Por qué esa llamada? Porque mi amigo no tenía familia en la región donde vivíamos, y el dermatólogo pensó que sería mejor que fuera el psicoanalista quien le transmitiera esa información a su paciente, un acto muy difícil dado el pronóstico desfavorable de ese tipo de cáncer, cosa que no escaparía a la atención educada de Mark. ¿Y para qué me estaba hablando a mí el psicoanalista? Para pasar la patata caliente, por así decir, y pedirme que fuera yo quien transmitiera la información a Mark, arguyendo su deseo de poder preservar el espacio terapéutico entre ellos y porque sabía que yo era un amigo a quien Mark quería y respetaba. De hecho, éramos buenos amigos. Nos conocíamos desde hacía unos diez años. Habíamos sido compañeros de estudios universitarios y de participación en el movimiento estudiantil, habíamos pasado unas vacaciones juntos en campamento, habíamos compartido consultorio por un tiempo, nos encontrábamos con bastante frecuencia a charlar, en una relación cálida y afectuosa.

Acepté la noticia con preocupación y su solicitud con ambivalencia. Las razones que me había ofrecido el psicoanalista para hacerme ese pedido me resultaban débiles; poniéndome en su lugar, creo que yo habría aceptado el encargo difícil del dermatólogo y habría sido quien pasara la información. Con todo, poniéndome en el lugar de Mark, me parecía preferible recibir la noticia, independientemente de cuán dramática, de boca de un amigo que en la situación más estéril y desprotegida de un consultorio dermatológico o, tal cual me parecía percibir en este caso, psicoanalítico. Con lo que, aun cuando no me gusta ser el portador de noticias penosas, acepté el rol y llamé a Mark invitándolo a que venga a mi casa a conversar. A su llegada, aclarando que no había buena manera de presentar noticias difíciles, le conté la cadena de llamadas telefónicas y le transmití la información que poseía acerca de su diagnóstico y opciones terapéuticas. Mark recibió la noticia primero con incredulidad, después con desesperación, finalmente, ya calmo, discutiendo pronósticos acerca de su cáncer, para irse a "caminar y pensar" luego de un par de horas de conversación. Yo quedé, por cierto, angustiado, pero tranquilo de que el proceso había transcurrido tan bien como era posible.

Con todo, no predije un resultado de esta interacción: Mark no sólo dejó de activar todo contacto conmigo sino que comenzó a evitarme. Cuando, tiempo después, pude arrinconarlo, por decir así, por teléfono, preguntándole si estaba ofendido conmigo, me explicó que no, que me estaba agradecido por haber tomado el toro por las astas, pero que verme o hablarme le recordaba su diagnóstico y su pronóstico, cosa que él trataba de mantener alejado de su percatación tanto cuanto podía, mientras seguía los tratamientos oncológicos e intentaba continuar con su vida profesional y personal.

Más allá de los contactos periféricos inevitables derivados de pertenecer a redes intersectantes, desde entonces hablé con él con intimidad sólo un par de veces, la última en el hospital, poco antes de su muerte un par de años después. Durante ese lapso, lo había perdido como amigo. Con todo, también entendí su lógica, y creo que no me lo tomé personalmente (¡salvo con el psicoanalista!).

Recordando este acontecimiento me queda claro de qué manera nuestro vínculo se había asociado a la información transmitida: el peso de la misma había adquirido dominancia sobre otras funciones del vínculo. Estoy seguro de que, además de su compañera, él tenía otros amigos íntimos, conocidos y colegas que configuraban su red social, y que lo acompañaron

> *aptamente durante ese par de años que siguieron a nuestro encuentro. Yo, a mi vez, había sufrido el destino que frecuentemente aqueja a los mensajeros de malas noticias, a saber, la colonización de las múltiples funciones de la relación por un tema de peso vital.*

Atributos del vínculo

Cada vínculo puede ser analizado en términos de sus *atributos*, a saber:

• las *funciones prevalecientes*, es decir, cuál función, o combinación de funciones, caracterizan de manera dominante a ese vínculo;

• la *multidimensionalidad* o versatilidad, es decir, cuántas de esas funciones cumple; esa persona amiga es una compañía social buscada y **además** es un buen paño de lágrimas y fuente de consejos, en tanto que esa otra es magnífica para las actividades sociales pero imposible como consejera, o viceversa (el ejemplo "Hasta aquí nomás" presentado más arriba también ilustra la versatilidad o, en ese caso, la falta de versatilidad, en un vínculo);

• la *reciprocidad*, es decir, si tú cumples para con esa persona el mismo tipo de funciones, o funciones equivalentes, a las que esa persona cumple para ti, o no; este atributo es también conocido como "simetría-asimetría". Por ejemplo, las relaciones entre padres e hijos son decididamente no recíprocas durante las primeras décadas de la vida de los hijos (salvo en caso de emergencias o de hijos parentificados) pero en la mayoría de los casos se transforman en simétricas y, subsiguientemente, si los padres se transforman en ancianos frágiles, la relación se vuelve complementaria "en la otra dirección";

> función prevaleciente
>
> multidimensionalidad
>
> reciprocidad
>
> intensidad (compromiso)
>
> frecuencia de los contactos
>
> historia

Figura 5. Características del vínculo

• la *intensidad* o el compromiso de la relación, es decir, el tropismo o atracción entre los miembros; esta variable puede ser definida también como "grado de intimidad";

• la *frecuencia de los contactos*; al respecto, merece notarse que, a mayor distancia, mayor el requerimiento de mantener activo el contacto para mantener la intensidad; al mismo tiempo, muchos vínculos intensos pueden ser reactivados rápidamente aun cuando haya transcurrido un lapso importante entre contactos; y

• la *historia* de la relación, es decir, desde hace cuánto tiempo se conocen y cuál es la experiencia previa de activación del vínculo.

Tal cual ha sido ya subrayado y ejemplificado, estas variables son interdependientes. Por ejemplo, una relación con mucha historia en común mantiene intensidad aun cuando los contactos no sean muy frecuentes. La estabilidad y confiabilidad del vínculo, por lo tanto, resulta de una combinación de funciones.

Merece acotarse, considerando su peso substancial como codeterminantes de salud y enfermedad, que las variables de red adquieren relevancia clínica aun mayor en nuestros tiempos, en los que:

- un porcentaje creciente de la población no vive en pareja o en familia sino sola,
- hay menos presión social que fuerza una participación en actividades sociales informales y formales (clubs, actividades religiosas y en otras organizaciones voluntarias),
- un mayor número de parejas deciden no tener hijos o tienen hijos adultos que viven lejos,
- un número cada vez mayor de individuos, parejas y familias emigran o cambian de área de residencia reiteradamente en el curso de su vida; y, en términos generales,
- existe una reducción de las actividades tribales con la familia extensa.

Implicaciones de este nivel de análisis

La incorporación de las variables de red social a nuestros modelos tiene consecuencias para nuestra actividad conceptual y clínica cotidiana, para los procedimientos de las instituciones en las que practicamos, y, por qué no, para nuestra vida personal.

La sensibilización a las variables de red tiene efectos extremadamente interesantes en los terapeutas. En primer lugar, la exploración de la red social personal de los pacientes la hace "visible" tanto para el terapeuta como para los pacientes mismos. Esta materialización de su presencia y relevancia a través del acto de nombrarla, del hablar acerca de ella, es un primer paso para acceder a ella con fines terapéuticos. En segundo lugar, el trazado de los mapas de red permite decidir cuál o cuáles de las muchas redes intersectantes puede ser activada (aun invitada a sesiones), desactivada, o modificada en momentos de crisis, cosa que expande cualitativamente el repertorio conceptual y pragmático del terapeuta. Y en tercer lugar, y no en orden de importancia, de esta óptica derivan muchas "tareas para el hogar" posibles. Estas incluyen intervenciones indirectas tales como actividades que pueden ser recomendadas a los pacientes con el objeto de activar, movilizar, desactivar, recortar las redes: desde "haz una llamada telefónica a una persona distinta cada día por dos semanas, tan sólo para charlar por cinco minutos" como recomendación a un paciente deprimido y aislado que tiene una red social desactivada por un largo período de enfermedad, hasta recomendar la instalación de un contestador telefónico automático para poder filtrar llamadas de miembros intrusivos de la red. Incluyen también las visitas a familiares distantes o amigos perdidos en el tiempo con el objeto de desmitificar secretos y el desarrollo de rituales de reafirmación de relaciones así como las reuniones de red y las otras múltiples intervenciones incluidas en los varios ejemplos clínicos de este libro.

En términos de trabajo institucional, los procesos de evaluación, las admisiones y el trabajo terapéutico en servicios psiquiátricos, tanto en consulta externa como en hospitalizaciones, se enriquecen dramáticamente con la inclusión de la óptica de red. En el caso específico del trabajo en crisis con pacientes psiquiátricos crónicos, es de particular utilidad entender que los miembros del equipo terapéutico de otras instituciones con las que el paciente o su familia interactúan constituyen en muchos casos parte esencial de la red social de los pacientes, y merecen ser incluidos en la consulta (cfr., por ejemplo, el caso clínico "No hay nada como el hogar", más adelante).

Finalmente, en el nivel personal, una óptica que formaliza el impacto de nuestra red social en nosotros mismos, así como nuestra presencia clave en la red de muchas personas, realza una ética de nuestra responsabilidad personal: somos parte de la identidad de familiares, amigos, y tantos otros, muchas veces, aun sin habernos percatado de ello, sin haberle dado importancia, sin cuidar. ¿Quiénes están incluidos en nuestra red? ¿Quiénes son parte de nuestra identidad? ¿Los reconocemos? ¿Los nutrimos? ¿Los tratamos como lo que son, es decir, como parte de nosotros mismos?

> ### "APRENDIENDO EL ABC": UN EJEMPLO CLÍNICO
>
> *Una mujer de 25 años es transportada en ambulancia al departamento de emergencia de un hospital general. El servicio de urgencia fue activado por una llamada telefónica del marido, quien, al volver del trabajo, la encontró sentada en el suelo mirando a la pared en silencio, mientras sus dos hijos, de dos y cuatro años, jugaban a su lado. Describió con alarma que su mujer respondió mínimamente a sus preguntas y exhortaciones. Durante la entrevista de admisión, la mujer se mostró confusa y desorientada, respondiendo lenta y monosilábicamente a las preguntas del entrevistador. La paciente murmuró que sentía que no podía cuidar de sus hijos ni de su hogar ni de nadie. El marido, un hombre tímido y enjuto que la acompañó en todo momento, parece genuinamente preocupado y cariñoso. Ambos son blancos, de clase socioeconómica humilde, con poca educación formal. Durante la entrevista de admisión no fue posible generar ninguna hipótesis plausible acerca del desencadenante de esta crisis.*
>
> *En entrevistas subsiguientes, ya en el servicio de internación psiquiátrica, la paciente fue conectándose de a poco, y finalmente pudo proveer información acerca de la historia de su vida, siempre con un estilo reticente, tímido e inseguro. Nació y se crió en una granja aislada en la ladera de una montaña, en un contexto de deprivación tanto económica como emocional, de ignorancia y violencia. Varias de sus hermanas fueron víctimas de incesto (por parte de hermanos, tíos y abuelos) pero la paciente pudo evitarlo gracias a haber establecido desde la muy temprana adolescencia una relación con su actual marido, que trabajaba en la granja como mecánico y tractorista. El la protegió del abuso sexual rampante que caracterizaba a la familia, y, al cabo de pocos años,*

escaparon juntos a un pueblo vecino, donde se casaron para luego mudarse a una pequeña ciudad, donde viven actualmente. El trabajaba de mecánico en una fábrica, con un segundo trabajo de tiempo parcial, y ella se dedicaba a la crianza de sus hijos y a las actividades del hogar. Recientemente se habían mudado de un apartamento un tanto estropeado en un vecindario muy humilde a una casa en un vecindario de mejor calidad. Cuando exploramos su red social, resultó claro que los únicos contactos que ella mantenía eran con su madre, con quien sostenía conversaciones telefónicas casi a diario, su marido, quien trabajaba sesenta horas por semana, y los dos pequeños. Si bien nunca había tenido amigas, la indagación reveló que, cuando se mudaron a la nueva casa, ella dejó atrás los tenues vínculos que había establecido con unas pocas vecinas que también tenían hijos pequeños.

En el curso de su internación, en sesiones conjuntas con el marido así como individuales, subrayamos su aislamiento y lo explicamos como un resultado razonable de la falta de habilidades sociales necesarias para establecer nuevos vínculos. Esta falta de habilidad fue a su vez descrita como la consecuencia natural e inevitable de haber sido criada en una familia socialmente insular y con habilidades rudimentarias para el contacto interpersonal. Dado que la situación de trabajo fuerza la socialización en los varones, su marido tuvo acceso al desarrollo de habilidades de contacto social más avanzadas para ella. Su historia de vida fue revisada nuevamente desde este ángulo, subrayando tanto las dificultades de sus circunstancias como los progresos y logros que, a pesar de todo, también caracterizaban a sus vidas. La crisis actual de ella fue definida como una crisis de aislamiento así como una señal de que estaba pronta para un nuevo paso evolutivo en su desarrollo personal, abriéndose al contacto social. El milieu *del sector de internación, concordamos, constituía una situación educativa ideal para la adquisición de nuevas habilidades sociales.*

A continuación trazamos un plan de acción, con la colaboración activa y entre asustada y curiosa de la paciente y el apoyo del marido. Su objetivo fue definido como el aprendizaje de cómo desplegar comportamientos sociales apropiados para favorecer el contacto y establecer nuevas relaciones. El terapeuta que trabajaba con la paciente caminaría por los corredores del sector junto a la paciente y él saludaría a la gente e intercambiaría conversaciones triviales, lo cual tenía que ser imitado por ella. De hecho, fue extremadamente interesante y aun conmovedor verlos caminar juntos, él saludando al pasar a otro paciente o a un miembro del personal, tal vez deteniéndose a intercambiar unas pocas frases acerca de las actividades del día o de la comida o del clima, y ella imitándolo en los saludos y participando muy seria de la conversación, después de lo cual seguían caminando y el terapeuta la felicitaba discretamente por la tarea bien cumplida, para luego continuar con más de lo mismo. También se definió como importante el desarrollo de habilidades conversacionales más sofisticadas. Para ello se usó el contexto de los grupos terapéuticos y educativos del sector internación como campo de experimentación. Para favorecerlo, establecimos la consigna con los coordinadores de grupo de que crearan espacio y posibilidades para la paciente a través de preguntarle opiniones y favorecer gentilmente su intervención facilitando interacciones satisfactorias.

La paciente fue dada de alta en 10 días, y tanto ella como el marido fueron vistos en una serie de 5 sesiones de pareja centradas en la lenta (así se lo recomendamos) evolución de los experimentos sociales de ella. Buena parte de dichos experimentos consistieron en favorecer conversaciones con vecinas cuando salía a pasear con sus niños (la conversación de madres centrada en sus niños es una modalidad social muy importante para la expansión de una red), incluyendo cómo aceptar cumplidos y cómo generarlos. Ambos definieron la experiencia como muy gratificante. Para entonces todos sus síntomas habían desaparecido.

> *En esta viñeta clínica merecen resaltarse los siguientes elementos, de particular relevancia en términos de red:*
>
> - *cuando la red es muy tenue, pérdidas que aparecen como triviales —la desconexión con algunas vecinas con las que mantenía un contacto social mínimo— se transforman en centrales;*
> - *la existencia de habilidades para establecer contacto social no puede descontarse; por el contrario, mucha gente posee habilidades sociales muy precarias o muy estrechamente especializadas (estableciendo siempre y de entrada una relación de dependencia y apaciguamiento, o de seducción, o de críticas a terceros) ;*
> - *las habilidades sociales pueden ser adquiridas, dado un contexto de apoyo y estímulo.*

Como un aparte, no escapará al lector la diferencia, tanto en términos de enfoque terapéutico como de destino de vida del paciente, entre esta manera de ver las cosas y otros enfoques o medios institucionales prontos a diagnosticar fobias, esquizoidias o desórdenes de personalidad. De hecho, uno puede muy fácilmente imaginar a esta paciente atrapada en uno de esos círculos viciosos en los que un diagnóstico clínico psicopatológico etiquetante prematuro conduce a la prescripción de medicación psicotrópica con efectos secundarios poderosos, los que a su vez sólo confunden el cuadro y confirman el diagnóstico.

Tanto en este como en los otros ejemplos clínicos, merece también notarse la facilidad con que la gente accede a conversar acerca de los procesos de red en los que está implicada. En contraste con algunos modelos interpretativos (que se basan en la atribución de motivaciones o conflictos inconscientes con los que los pacientes, cuando concuerdan, lo hacen para no contradecir a su terapeuta o bien por acuerdo cognitivo, de segunda mano, por así decir) y aun con algunos modelos familiares (que pueden resultar en polarizaciones ligadas a la culpa o en batallas por el poder), las conversaciones basadas en los modelos de red resultan comprensibles y familiares desde el comienzo, dan acceso a un mundo que está al borde de la percatación, o que ha sido ya reconocido aun cuando su relación con los problemas presentes no ha sido establecida. En la situación terapéutica, esta familiaridad temática permite un diálogo colaborativo (en el sentido de una coparticipación más simétrica) y fluido. Además, provee un acceso fácil a un nivel de co-construcción consensual de historias (descripciones y explicaciones de común acuerdo) acerca de la naturaleza del problema motivo de consulta que (a) colocan a los participantes en posiciones más favorables que las que poseían con descripciones patologizantes previas; y (b) conducen a planes de cambio que son viables, que confirman esas nuevas descripciones, y que generan una experiencia en la que los pacientes son agentes activos en su propio cambio.

El ejemplo "Aprendiendo el ABC" realza otra variable que, a mi criterio, jugó un papel importante en las vicisitudes de esa paciente y en la de tantos otros que nos consultan, especialmente los del sector público, a saber, el hecho de haber vivido desde siempre inmersos en la cultura desesperanzada de la pobreza.

De las múltiples variables así llamadas macrosociales que afectan directamente a los individuos, la experiencia social de ser pobre es particularmente marcante y desmoralizante: la experiencia de individuos, familias y grupos sociales sumergidos en pobreza es una de falta de control sobre su medio. Esta experiencia, merece subrayarse, es co-construida por muchas de las agencias e instituciones sociales con las que los sujetos interactúan —ya que las instituciones, a través de sus acciones y procedimientos, y a través de múltiples interacciones estigmatizantes de sus representantes con los usuarios, también tienden a describirse a sí mismas como en control y con poder, y a los individuos como careciendo de éstos.

De hecho, en nuestra sociedad el poder se puede operacionalizar como nuestra capacidad de acceso a recursos así como nuestra capacidad de ser (pro) activos más bien que reactivos, es decir, nuestro potencial para generar cambio y prevenir consecuencias negativas a través de nuestras acciones. Mediante esa capacidad de ser actores, o agentes de cambio, generamos en nosotros mismos, y en quienes nos rodean, un sentimiento de eficiencia: el mundo nos refleja y devuelve nuestras acciones como capacidad, efectividad, competencia, poder. La falta de ese efecto de respuesta (de ese feedback) por parte del mundo nos genera desesperanza y falta de confianza en nosotros mismos. Seligman (1975) llama "desesperanza aprendida" a ese proceso desmoralizante derivado de la experiencia de que nuestras acciones no tienen efecto. Uno de los múltiples desafíos de un enfoque sistémico que incluye responsablemente las variables de contexto —abarcando las variables de red, socioeconómicas y culturales— consiste en desarrollar historias que incorporen esperanza, que generen un feedback de autoría, que subrayen las capacidades y la eficiencia potencial en quienes nos consultan.

Cabe hacer notar que, en nuestro trabajo con la pareja del último ejemplo y con nuestros pacientes en general, tendemos a establecer un diálogo en el que, si bien generamos alternativas con nuestro modo de participar en la conversación (con preguntas circulares, connotación positiva, etc.), de hecho acompañamos a los pacientes en su búsqueda de los cambios viables, más bien que introducir el cambio por nuestra cuenta "para su bien". En la acepción propuesta por Wynne, McDaniel y Weber (1986), tendemos a funcionar como *consultores* de personas competentes pero necesitando la orientación de un experto más bien que como terapeutas de personas con problemas que requieren alguien que se los resuelva. De esa manera, favorecemos expectativas realistas y objetivos viables, con un supuesto de competencia (en el sentido de operar suponiendo que los pacientes poseen las habilidades necesarias para lograr los cambios, más bien que considerándolos disfuncionales), creando un discurso y un efecto de esperanza, en vez de desmoralización.

El grueso de las así llamadas "familias multiproblemáticas" está constituido por familias de los estratos socioeconómicos más carenciados. Este rótulo y esta locación social permite predecir en torno a dichas familias la presencia activa de múltiples agencias o múltiples sistemas de asistencia social y de salud. En esos casos es particularmente útil llevar a cabo con la familia una "evaluación macrosistémica" (Imber-Black 1988) para descubrir y definir quiénes participan de los cuidados de esa familia y quiénes pueden y deben ser incluidos si es que decidimos convocar en el futuro una reunión de red que incluya a los sistemas de ayuda. Esta estrategia se asocia conceptualmente con la noción de "sistema generado por el problema" (Goolishian y Anderson, 1981), abarca a todos aquellos que participan en identificar el problema y tratar de resolverlo, y, por lo tanto, quienes contribuyen por sus acciones a definir a la familia como "multiproblemática" y a los problemas como tales. Sistemas basados en problemas funcionan frecuentemente como sistemas que *mantienen* a los problemas, a pesar de sus mejores intenciones. Merece subrayarse que la convocación y coordinación de las reuniones de red que incluyen a todos los representantes de agencias de servicio social y otros sistemas de ayuda permiten favorecer cambios cualitativos en la manera en que los participantes hablan acerca de los problemas. Estas reuniones, bien conducidas, tienen el efecto de aumentar el poder de decisión y autonomía de los pacientes y las familias, y por lo tanto, favorecen cambios terapéuticos cruciales. Al mismo tiempo, requieren mucho tacto político y una permanente posición "one down" por parte de los convocadores y coordinadores.

3

De cómo la red social afecta la salud del individuo y la salud del individuo afecta a la red social

Existe amplia evidencia de que una red social personal estable, sensible, activa y confiable protege a la persona en contra de enfermedades, actúa como agente de ayuda y derivación, afecta la pertinencia y la rapidez de la utilización de servicios de salud, acelera los procesos de curación y aumenta la sobrevida, es decir, es salutogénica. Y también existe evidencia de que la presencia de enfermedad en una persona —especialmente una enfermedad de curso prolongado tal como cáncer, esquizofrenia, Alzheimer, enfermedades neurológicas, etcétera— deteriora la calidad de su interacción social y, a la larga, reduce el tamaño (el número de habitantes) y la accesibilidad de su red social. Esta doble acción permite perfilar *círculos virtuosos* en los que la presencia de una red social substancial protege la salud del individuo y la salud del individuo mantiene a la red social, así como *círculos viciosos* en los que la presencia de una enfermedad crónica —o un déficit o una dificultad crónica de cualquier tipo— en una persona afecta negativamente a la red social de esa persona (frecuentemente con mayor intensidad a la red que va más allá de la familia nuclear), lo que a su vez impactará negativamente en la salud del individuo o del grupo íntimo, cosa que a su vez aumentará la retracción de la red, y así, en espiral de deterioro recíproco.

La premisa de que, independientemente de otras variables, la gente menos integrada socialmente tiene más probabilidades de morir, o, para plantearlo en términos menos dramáticos, de que existe una correlación directa entre calidad de la red social y calidad de la salud, puede ser respaldada por amplia evidencia derivada de múltiples investigaciones clínico-epidemiológicas.

Probablemente la primera evidencia incontrovertible acerca de esta correlación fue aportada por una investigación que abrió las puertas de la sociología empírica, a saber, el ya clásico estudio de Durkheim (1897) sobre el suicidio, que demostró que existe una mayor probabilidad de suicidio en los individuos más aislados socialmente, en comparación con quienes poseen una red social más amplia, accesible e integrada.

Desde entonces, diversas investigaciones epidemiológicas confirmaron la correlación positiva entre red social y salud. De hecho, cuando se comparan muestras selectivas de población caracterizada por individuos socialmente aislados —por ejemplo, solteros/as o viudos/as con pocos amigos y poca participación en actividades sociales informales (clubs) o formales (cultos)— con muestras de población de individuos socialmente más integrados, se puede demostrar que la primera contiene mayor prevalencia de tuberculosis (Holmes, 1956), accidentes (Tillman y Hobbes, 1949), riesgo de infartos de miocardio (Reed y col., 1983; Orth-Gomer et al., 1993) así como mayores dificultades en la recuperación cuando un infarto ha tenido lugar (Medalie et al. 1973), y más síntomas físicos y emocionales en personas que han perdido su trabajo (Gore 1973). (Para un listado más exhaustivo, cfr. Whittaker y Garbarino 1983; Pilsuk y Hiller Parks 1986.)

Con todo, pocas investigaciones proveían datos que permitieran generar una interpretación causal clara: ¿Se trata de que la falta de relaciones sociales crea las condiciones que favorecen la enfermedad o la muerte? ¿O es que la gente menos sana tiende a establecer menos redes sociales? ¿O es que existe un factor independiente que genera ambas? (Alguien propuso una hipotética "personalidad misantrópica" ¡que predispone tanto a desarrollar relaciones sociales de poca calidad como a enfermarse!) Y, ¿cuáles son los mecanismos o procesos mediante los cuales la red afecta la salud y la salud afecta a la red? ¿Cómo y por qué una red insuficiente hace que aumente la probabilidad de que una persona se enferme, y cómo y por qué tiene lugar el deterioro de la red cuando se hace presente una enfermedad crónica? Este capítulo está destinado a explorar posibles respuestas a esos interrogantes.

La dificultad para responder a estas preguntas tenía que ver con que la mayor parte de estas investigaciones son retrospectivas, es decir, toman como punto de partida a los individuos-problema (por ejemplo, una muestra de enfermos, o accidentados, o un registro de suicidios o de difuntos) y reconstruyen su red social para luego compararla con una muestra control. Esta estrategia permite cotejar rasgos de la red social de ambos grupos pero no informa cuál variable precede a cuál. Hay, por cierto, excepciones, tales como los estudios que muestran mayor mortalidad en muestras de viudos/as recientes, pero el carácter restringido de la muestra sólo permite dar cuenta de un segmento muy específico de la población (con todo, esta investigación permitió generar hipótesis causales interesantes, tales como que la situación de duelo, por una parte, baja las defensas del organismo, y, por la otra, reduce los comportamientos de cuidados de la salud).

La direccionalidad de esos procesos comenzó a ser esclarecida a partir de los resultados de una segunda generación de investigaciones empíricas, cuyo diseño y resultado permitieron demostrar de manera incontrovertible que la pobreza relativa de relaciones sociales constituye un factor de riesgo para la salud comparable al fumar, a la presión arterial elevada, a la obesidad, y a la ausencia de actividad física. Estos esbozos de direccionalidad de la correlación entre red y salud poseen importantes implicaciones clínicas así como para la planificación de la salud pública.

Este nuevo conjunto de investigaciones empíricas siguió dos orientaciones, a saber, los estudios epidemiológicos prospectivos, en los que se estudia una muestra de población y se la sigue a través del tiempo, y los estudios experimentales y de laboratorio, en los que se crea una situación controlada y se observan sus efectos.

De las investigaciones prospectivas, probablemente la más influyente ha sido la que se llevó a cabo en Alameda County, California (Berkman y Syme, 1979; Berkman, 1984). Su punto de partida fue una muestra de 7000 adultos estudiada mediante cuestionarios exhaustivos que evaluaban variables demográficas, socioeconómicas, culturales, de salud, y de hábitos y costumbres, incluyendo participación en diversos tipos de relaciones sociales, a saber: matrimonio o vida en pareja, frecuencia de contactos con familiares y amigos, y participación en organizaciones tanto informales —por ejemplo, clubs— como formales —por ejemplo, congregaciones religiosas. Nueve años después se llevó a cabo un seguimiento en el que se pesquisó y localizó el 96% de quienes habían participado en la primera encuesta (lo que constituye una verdadera proeza epidemiológica, ya que obligó a entrevistar a vecinos o parientes en los casos de gente que había abandonado el área —para permitir su localización y subsiguiente entrevista personal o por teléfono—, así como revisar registros de hospital y entrevistar a los pacientes hospitalizados, y aun registros de difuntos, para establecer cuáles de los probandos habían abandonado este valle de lágrimas). Esto permitió generar dos submuestras, aquellos que seguían vivos, y aquellos que habían muerto. Evaluando las múltiples variables socioeconómicas, culturales, de salud, y de hábitos y costumbres entre estas dos submuestras, se observó que presentaban diferencias importantes en un conjunto de variables, incluyendo aquellas que medían relaciones sociales. Para estudiar el peso de las variables de red, es decir, para evaluar cuán predictivos de sobrevida (o mortandad) son los datos sobre red social, la muestra original de los 7000 fue dividida de acuerdo con un índice que combinaba todas las variables acerca de relaciones sociales. Se generaron así dos submuestras, a saber, una con individuos con índice de relaciones sociales alto y otra con individuos con índice bajo. Por cierto, el conjunto de quienes murieron tenía una edad media mayor, una salud inicial peor, un nivel socioeconómico más bajo, y comportamiento de mayor riesgo (tal como fumar) que la muestra de los sobrevivientes. Se procedió entonces a controlar, es decir, a neutralizar (mediante el procedimiento de "matching") el efecto de esas otras variables en las dos submuestras (con índice de relaciones sociales elevado y bajo), y, para sorpresa aun de los investigadores mismos, la variable red social mostró una poderosa capacidad predictiva de sobrevida: la correlación entre red social y probabilidad de sobrevida se mantuvo *con igual poder.* Así, para neutralizar las variables *edad* y *sexo* se seleccionó una submuestra de los sobrevivien-tes que tenía exactamente la misma distribución de edad y sexo que la de los que habían muerto, y recién entonces se correlacionaron los índices de red social con sobrevida, cotejando entre las dos submuestras controladas, es decir, esta vez con edades y distribución por sexo idénticas. *Los efectos de red sobre supervivencia* se mantuvieron.

Otro tanto se hizo con las variables *salud inicial* —es decir, se generó una submuestra seleccionando entre los sobrevivientes sujetos que presentaban los mismos índices iniciales de salud/enfermedad que en la muestra letal, para después comparar ambas submuestras—, *con nivel socioeconómico*, y con todas las otras variables que se mostraron asociadas de manera independiente con mortalidad, tal como el *uso de tabaco, actividad física, uso inmoderado de bebidas alcohólicas, dieta, utilización de servicios de salud*, etcétera. Controlando cada una y todas las variables, la asociación red-sobrevida se mantuvo: quienes presentaban un índice social bajo tenían más del doble (2,3 en varones, 1,8 en mujeres) de probabilidades de aparecer en la lista de los muertos nueve años después que quienes pertenecían a la lista de individuos con índice social elevado.

A pesar del poder de esa evidencia, este estudio presentaba una limitación: los investigadores utilizaron un cuestionario como fuente de datos acerca de salud inicial, sin corroborar esa información mediante exámenes clínicos. A lo mejor, se planteó, quienes niegan síntomas tienen una probabilidad mayor de morir que aquellos que los reconocen e informan. Para controlar esa variable se diseñaron nuevos estudios, tales como los que se llevaron a cabo en el Centro de Salud Comunitario de Tecumseh, Michigan (House y col. 1982) y en Evan County, Georgia (Schoenbach y col. 1986) con muestras, respectivamente, de 2750 y 2050 adultos de ambos sexos, y uno llevado a cabo en Suecia (Tibblin y col. 1986) con una muestra de 17.500 adultos. En todos ellos, además de un cuestionario exhaustivo, cada sujeto recibió al comienzo un examen clínico completo. En todos y cada uno de ellos, con seguimiento de entre 10 y 15 años, los indicadores relacionados con red social mostraron una asociación incontrovertible con sobrevida: cuanto menor la red social, mayores las probabilidades de morir. Este efecto, merece acotarse, no es lineal. Es decir, no es que a medida que aumenta la calidad y el tamaño del grupo social se reduce progresivamente la probabilidad de muerte, sino que la mortandad mayor se acumula en el subgrupo con red social mínima, en tanto que no hay diferencia estadísticamente significativa entre los subgrupos de red social media y red social amplia. Para complementar esta investigación, centrada en sujetos de entre 20 y 65 años, vale la pena adelantar los resultados de un estudio centrado en una población de individuos de 65 años de edad o más que sigue el mismo diseño y demuestra resultados igualmente poderosos. Esta investigación será discutida en el capítulo 6.

En todos estos estudios, el efecto deletéreo de la red social personal mínima es mayor en varones que en mujeres. ¿Por qué? Permítaseme proponer una explicación. Las mujeres, probablemente en función de una facilitación cultural y del "entrenamiento" social consiguiente, tienden a establecer relaciones de mejor calidad (de mayor variedad de funciones, de mayor intimidad y de mayor duración) que los hombres. No es raro encontrar a un par de hermanas o amigas ancianas quienes puede que no tengan una red social amplia pero que se tienen la una a la otra, manteniendo una socialidad rica y multifacética. Ese tipo de par —así como tantos otros grupos sociales de mujeres mayores— es extremadamente infrecuente en varones. Esta habilidad socializante en las mujeres las hace menos vulnerables aun cuando el número de habitantes de su red sea mínimo: la riqueza de esos pocos vínculos lo compensa.

Merece incluirse también en esta discusión un estudio (Dozier, Harris, Bergman 1987) que correlaciona la densidad de la red social con la probabilidad de rehospitalización en pacientes dados de alta después de un episodio de psicosis (muchos de estos pacientes presentaban una historia de hospitalizaciones reiteradas). Este estudio demostró que la probabilidad de rehospitalización es mayor si la red es de densidad muy baja (es decir, si sus miembros no están conectados entre sí) o de densidad muy elevada (es decir, si sus miembros presentan una multiplicidad de interconexiones independientemente del informante) que si la red presenta una densidad intermedia, independientemente del tamaño de la red. Como hipótesis explicativa se ha propuesto que la *baja densidad* (a) no permite a sus miembros cotejar impresiones (es decir, hay poca oportunidad para un diálogo tipo "Juan parece estar muy retraído", "Sí, yo también lo noté"), cosa que reduce la probabilidad de que hagan algo al respecto; y (b) cuando un miembro se hace cargo de, por ejemplo, acompañar a una persona en crisis, no tiene acceso a otros miembros de la red que lo ayuden, lo que facilita la sobrecarga de los responsables, por lo que, a la larga, ese miembro tenderá a replegarse y volverse menos accesible en situaciones de crisis. En contraste, los miembros de una red de *densidad muy elevada* tienden a ser menos eficientes en situación de crisis porque se consideran menos indispensables: su inacción se basa en el supuesto frecuentemente erróneo de que "ya otro tomará o ha tomado medidas efectivas para controlar la situación". A su vez, la red de *densidad intermedia* favorece la probabilidad del cotejo de impresiones y reduce la sobrecarga sin generar supuestos de delegación en otros, cosa que aumenta la efectividad de sus miembros.

Querría traer a colación asimismo otro tipo de evidencia que concuerda con los estudios epidemiológicos, a saber, la que proviene de estudios clínicos y experimentales acerca de los efectos fisiológicos y psicológicos del contacto social, tanto en seres humanos como en otras especies del mundo animal.

Múltiples estudios han demostrado que la presencia empática de miembros de la misma especie (¡y aun de especies diferentes!) reduce el impacto del estrés tanto natural como experimental. Entre los diversos estudios acerca de enfermedad crónica y apoyo interpersonal merece destacarse la investigación pionera de David Spiegel y su equipo (Spiegel et al., 1989) basada en los efectos de grupos de terapia de apoyo y expresiva con pacientes con cáncer de seno metastizado. Uno de los principios que guían esa actividad es el establecimiento de relaciones de apoyo recíproco entre los miembros del grupo para neutralizar el aislamiento social que el diagnóstico genera en la red social habitual. Como resultado, el grupo terapéutico facilita la generación de una red primaria adicional en la que los problemas en común se transforman en puentes empáticos, normalizando la reacción emocional a la enfermedad y detoxificando la perspectiva de una muerte prematura a través de la experiencia en común. Los participantes en esos grupos no sólo muestran niveles estadísticamente más bajos de ansiedad, de depresión y de dolor físico que la muestra control, sino también mayor sobrevida.

Otro ejemplo deriva de estudios sobre proceso de recuperación en pacientes con infarto de miocardio: en aquellos hospitales en los que se permitía que la familia permanezca con el paciente, la recuperación es más completa y más rápida que en aquellos en que se mantiene aislado al paciente "para que no se excite" (para una lista exhaustiva de esta línea de investigaciones, cfr., e.g., Pilsuk y Hiller Parks, 1986).

En cuanto a los estudios experimentales con animales, eligiendo al azar un par de ellos, puede citarse el resultado inesperado de un protocolo de investigación que había sido diseñado originariamente para producir ateroesclerosis en animales de laboratorio a través de proveer alimentos con alto contenido graso. Para sorpresa de los investigadores, un subconjunto de esos animales —todos de la misma progenie— mostraba el efecto esperado, a saber, arterioesclerosis, en tanto que otra parte de la muestra no lo mostraba. Cuando se exploró el porqué de tal discrepancia, se descubrió que la variable interviniente había sido la conducta de los asistentes de investigación: un par de asistentes de investigación a cargo de la alimentación y manipulación diaria de un grupo de animales de laboratorio manipulaba afectuosamente a dichos animales, en tanto que otro par tendía a tratar a los animales a su cargo con brusquedad y sin contacto personal. El conjunto de animales a cuyo cargo estaba el primer par no mostraba signos, en tanto que el grupo a cuyo cargo estaba el segundo mostraba signos de ateroesclerosis (lo que probablemente introduce la variable interviniente "estrés" en la ecuación patogenética, además de la dieta).

De cómo la red afecta la salud del individuo

Ahora bien, ¿mediante qué procesos o mecanismos tiene lugar esta correlación? La especificidad del mecanismo de asociación causal entre, por ejemplo, uso del tabaco y sobrevida es directa e incontrovertible, en tanto el efecto carcinogénico y obstructivo (vía bronquitis crónica) del tabaco ha sido claramente demostrado. Por el contrario, los mecanismos mediante los cuales la red social activa y efectiva afecta positivamente la salud son menos transparentes. Con todo, podemos intentar especificar algunos de los procesos mediante los cuales la presencia o ausencia de una red social activa y accesible afecta positiva o negativamente la salud de la persona.

• En un nivel atávico de base evolutiva, *la reacción de alarma* (es decir, la reacción psicofisiológica de alerta ante lo desconocido, riesgoso o nocivo, reacción cuya cronicidad ha sido asociada positivamente con enfermedad en múltiples estudios) *se mitiga con la presencia de figuras familiares*. Este fenómeno es bien conocido, y universal: el niño pequeño, asustado por un ruido o una caída o una situación novedosa, busca con la mirada a su madre para calmarse y, si la reacción de alarma es más intensa —porque el estímulo es mayor o porque la reactividad del niño es más elevada o porque la fisonomía reactiva de la madre así lo indica— buscará refugio en sus brazos, llorando hasta calmarse.[2] Existe una abundante evidencia experimental y clínica acerca del efecto reductor del estrés de la presencia de miembros familiares de la misma especie, o aun de diferente especie, medible a nivel fisiológico y psicológico. Sólo es necesario revisar la extensa literatura sobre estrés y síndrome general de adaptación —o los efectos de corta y larga duración en macacos pequeños expuestos a situaciones alarmantes acompañados o bien por "madres de felpa" o bien por "madres de alambre", tal como son detallados en los revolucionarios estudios de Harlow (1974)— o algunos de los estudios mencionados brevemente más arriba. Diversas investigaciones tanto en niños como en adultos han demostrado que la reactividad de los pacientes a las manipulaciones médicas —medido con electrocardiograma y otras variables fisiológicas— es mucho menor cuando el paciente está acompañado de presencias familiares que cuando está solo con el equipo médico.

• En un nivel existencial, en los seres humanos *las relaciones sociales contribuyen a proveer sentido a la vida de sus miembros*. Las relaciones sociales favorecen una organización de la identidad a través de los ojos (y las acciones) de los otros. De ésta deriva la experiencia de que "estamos ahí para

---

[2] La naturaleza circular de ese feedback se hace aun más clara cuando se observan las reacciones de los niños ante un comportamiento alarmado de la madre en respuesta a una vicisitud del niño: el niño lee en el rostro y los gestos de la madre cómo debe interpretar la situación. Así, una reacción calma de la madre calma al niño y una reacción alarmada lo asusta.

alguien" o "sirviendo para algo", lo que a su vez otorga sentido y estimula a mantener las prácticas de cuidados de salud y, en última instancia, a seguir viviendo. De manera nada deleznable, parte de ese sentido deriva de la experiencia de rol, que a su vez tiende a debilitarse en el curso de la enfermedad crónica ("Ya ni siquiera sirvo como madre... o como amigo confiable").

• En un nivel de práctica social, *la red provee una retroalimentación cotidiana acerca de las desviaciones de salud* que favorece los comportamientos correctivos. Es decir, la red social actúa como monitor de la salud y activador de las consultas a expertos ("Te noto un poco pálido. ¿Por qué no vas a ver al médico?").

• La red social favorece muchas *actividades personales* que se asocian positivamente con sobrevida: rutina de dieta, de ejercicios, de sueño, de adhesión a régimen medicamentoso y, en general, cuidados de salud.

Hasta aquí hemos estado discutiendo los efectos —positivos y negativos— de la red social en la salud del individuo. Con todo, es importante notar que dicha correlación no es unidireccional. Por el contrario, la presencia de enfermedad —especialmente una de tipo crónico— tiende a afectar negativamente a la red social. A esta otra cara de la moneda me referiré a continuación.

De cómo la enfermedad de un individuo afecta a su red

La presencia de una enfermedad—especialmente si se trata de una enfermedad crónica, habitualmente debilitante o aislante—, impacta las interacciones entre el individuo (y su familia inmediata) y la red social más amplia, a través de diferentes procesos interconectados.

*Las enfermedades poseen un **efecto interpersonal aversivo**, es decir, generan en los demás conductas evitativas.* Tal vez esta reacción esté grabada en algún código genético de la especie: "mantengamos distancia de los apestados". Este fenómeno social es bien conocido por quienes han padecido cáncer, los que suelen describir que amigos y conocidos, al enterarse del diagnóstico, literalmente aumentan la distancia física. Los pacientes acaban sintiéndose alojados en una suerte de burbuja de aislamiento, expresada no solamente en términos de distancia interpersonal sino también en una mayor inercia o resistencia a la activación del contacto por parte de la red social.

*La enfermedad restringe la movilidad del sujeto, lo que reduce la **oportunidad de los contactos sociales** y lo aísla.* Por ejemplo, el sujeto puede que tenga que dejar de trabajar o asistir a la escuela o a los servicios de su congregación religiosa o a las actividades de su club. Todos ellos son contextos en los que tienen lugar contactos sociales que sólo son mantenidos por presencia, ya que en general no existe una tradición de iniciativa individual por parte de los otros para activar o mantener esos vínculos más allá del circulo íntimo: no existe un hábito, o una pulsión, o un ritual, en términos de hablar por teléfono o visitar de manera estable al compañero de trabajo o estudios, o al feligrés, o al compañero de juegos que ha dejado de asistir al lugar habitual donde el encuentro tiene lugar. En buena medida, esa persona no es parte esencial ni central de nuestra red y nosotros no nos percibimos como esencial para ella, en tanto damos por sentado que esa persona tiene relaciones más íntimas con las que contar.

*La enfermedad tiende a debilitar al enfermo y, como consecuencia, el sujeto reduce su **iniciativa de activación** de la red.* Dado que toda red posee cierta inercia, esta falta de activación resulta, a la larga, suficiente como para reducir la participación de los otros ("Como tú nunca me llamas, yo no te llamaré"), lo que desvitaliza el intercambio interpersonal, cosa que reduce aun más la iniciativa del sujeto, y así, en una suerte de círculo vicioso.

*La presencia de enfermedad en una persona reduce su posibilidad de generar **comportamientos de reciprocidad*** en la danza interpersonal de la interacción social, es decir, la persona enferma tiene menos posibilidad de ofrecer comportamientos equivalentes a los de las personas que la cuidan (no podemos cuidar con igual eficiencia a quienes nos cuidan). Todos los vínculos están basados precisamente en ese principio de *quid pro quo*. Con todo, las relaciones del círculo interior (de intimidad y larga data) desarrollan, sobre la base de los créditos recíprocos que derivan de su historia, lealtades que aumentan su tolerancia a la asimetría temporaria, en contraste con el bajo umbral de tolerancia a la asimetría de relaciones con poca historia o poca intensidad.

*Los comportamientos de cuidados para con gente con enfermedades crónicas resultan **poco gratificantes*** en tanto tienden a ser reiterados y suelen ser percibidos como poco efectivos, en el sentido de que, a pesar de nuestros cuidados, el paciente no mejora rápidamente. En términos generales podemos describir como expectativa universal el supuesto de que nuestros esfuerzos sean premiados con un resultado (con una mejoría, en este caso). Con independencia de que sepamos racionalmente que la persona que cuidamos no va a mejorar rápidamente, o, aun más, su salud va a continuar declinando dada la naturaleza progresiva de su enfermedad, la falta de evidencia de mejoría contribuye a descorazonar a muchos de los miembros de la red envuelta directa e indirectamente en sus cuidados (¡eso incluye a los médicos de cabecera!). En otras palabras, los comportamientos de cuidados que genera la presencia de una enfermedad crónica *tiende a agotar a los miembros de la red social*, los "quema", en una proporción inversa al peso de la deuda de lealtad, de la historia en común y de las guías éticas de los participantes (mientras más deuda de lealtad tenga ella para conmigo, menos rápidamente llegará al umbral de agotamiento por tener que darme de comer en la boca por tiempo indefinido, o cumplir una u otra de las funciones de nutrimiento y cuidados emocionales o prácticos durante la enfermedad). Otra manera de expresarlo es que el agotamiento opera en relación inversa a la centralidad del otro en la red del enfermo, y que el agotamiento resulta en desconexión. La red extendida de las personas que padecen de Alzheimer, por ejemplo, suele diezmarse con ese deterioro progresivo del paciente hasta que el cónyuge con frecuencia acaba quedándose solo y sobrecargado en tareas de cuidados cada vez más difíciles y gravosas. No en vano esta última (con mayor frecuencia la esposa que el marido, dado el diferencial de edad habitual entre ambos sexos en la pareja media) suele ser definida como la víctima oculta de la enfermedad. El desaliento que suele invadir a los cuidadores de los pacientes con problemas crónicos puede incluir a los profesionales que participan de esos cuidados, como lo ilustra el próximo ejemplo.

"Liebres y tortugas": una consulta institucional

Fui llamado a una consulta con el personal de enfermería del nuevo sector de "cuidados intermedios" de un hospital general. El motivo de la consulta era el malestar generalizado en el personal: la gran mayoría de las enfermeras y los enfermeros han expresado que quieren cambiar de sector: se sienten frustrados con los pacientes, se comportan de manera irritable con ellos y entre sí y, en términos generales, están muy insatisfechos con su trabajo. Esta unidad de internación es un sector moderno y tecnológicamente muy avanzado que se ocupa de los cuidados (intensivos en el sentido de la utilización de aparatos médicos y de rehabilitación sofisticados y complejos) intermedios (lo que quiere decir "ni agudos ni crónicos", sino entre ambos). El paciente típico padece de insuficiencia pulmonar aguda o crónica, frecuentemente está traqueotomizado, y requiere un aparato respirador del que, a la larga, tiene que ser "destetado" para poder recuperar cierta autonomía funcional. Este tipo de paciente suele presentar un temple disfórico, es decir, entre deprimido e irritado, desanimado por la perspectiva de cronicidad e irritado por el esfuerzo que le depara una actividad tan automática como es el respirar. Además, suele resistirse a los cambios, asustado ante el objetivo rehabilitativo de ser desconectado de maquinarias a las que percibe como esenciales para su supervivencia. El personal de enfermería, a su vez, en su mayoría había sido reclutado entre quienes tenían experiencia en cuidados intensivos —dado el alto nivel de tecnología de esta unidad— si bien en general agudos. Lo que resultó evidente en el curso de las dos reuniones que tuve con el personal es que la experiencia de ser enfermero/a en un sector de cuidados intensivos agudos es dramáticamente diferente de la de la unidad de cuidados intermedios: la actividad y experiencia en la unidad de cuidados agudos se parece más a la de los sectores de emergencia médica: la gente o bien mejora rápidamente o bien se muere, y los resultados de los esfuerzos profesionales se miden en horas, en tanto que en la unidad de cuidados intermedios se mide en semanas. En nuestras reuniones favorecí la discusión acerca de esta diferencia de culturas entre unidades —así como la diferencia entre el tipo y estilo de los pacientes—, cosa que por cierto ellos habían notado emocionalmente pero no discutido como un fenómeno dependiente del tipo de pacientes y problemas. Al mismo tiempo, revisé los formularios de documentación utilizados en esta unidad, y noté que muchos siguen las pautas de la unidad de cuidados intensivos, con resultados muy desmoralizantes. Por ejemplo, en la unidad de cuidados agudos se utiliza un tipo de gráficos para documentar la evolución de parámetros específicos del paciente que de hecho suelen variar rápidamente (tales como presión arterial, o concentración hematológica de gases). Si se importa este instrumento, que contiene unos pocos días por página, a la unidad de cuidados intermedios, donde los pacientes evolucionan muy lentamente

> *(para registrar en forma de gráfico, por ejemplo, el número de horas por día que un paciente en rehabilitación tolera estar sin respirador), el trazado acaba por ser casi horizontal, es decir, mostrará mínimos cambios, cosa bastante descorazonante. De hecho, eso es lo que ocurría en esta unidad. Por lo tanto, propuse la adopción de gráficos que abarcaran varias semanas por página, lo que generaba trazados en los que se podía notar gráficamente la evolución favorable de los pacientes reflejando el tempo natural de esos procesos. También discutí con el personal el caso de algunos pacientes particularmente irritantes, ofreciendo contextos explicativos de esas conductas y proponiendo estrategias para el contacto con ellos que tuvieran en cuenta esas nuevas descripciones. El resultado de esta intervención, que fue seguida por un par de reuniones mensuales para discutir casos, fue una mejoría notable en el clima interpersonal en el personal del sector, y un aumento en la satisfacción que derivaba de su trabajo, el que era, por cierto, intensivo y llevado a cabo competentemente.*

Todos los procesos discutidos en el listado precedente obviamente tienden a potenciarse entre sí y permiten predecir que la incidencia de una enfermedad crónica en una persona reducirá su red social personal. Constituyen así una contraparte complementaria de los procesos discutidos en primer término, a saber, que una red social insuficiente afecta negativamente la salud. Ambos procesos constituyen así un círculo vicioso entre enfermedad y declinación de la red.

Finalmente, la presencia de una enfermedad o discapacidad crónica no sólo erosiona la red social habitual, sino que a veces también puede *generar nuevas redes*, tales como las que corresponden a los servicios sociales y de salud. Estas redes de servicios adquieren un carácter a veces central no sólo por sus atributos instrumentales sino también por su capacidad de apoyo instrumental y emocional substantivo. A eso se refiere el próximo ejemplo.

"No hay nada como el hogar": un ejemplo clínico

Fui consultor por un tiempo de una comunidad terapéutica, a saber, una vivienda con personal especializado durante 24 horas para diez pacientes psiquiátricos crónicos con mucha necesidad de estructura y cuidados. En una de nuestras reuniones mensuales el equipo me presenta la situación frustrante de Bruno, un paciente de unos 45 años que habita en esa casa. Bruno tiene una historia de muchos años como paciente psiquiátrico, incluyendo una larga hospitalización previa en un hospital psiquiátrico y un par de años en la casa actual. Este hombre no tiene familia, ni amigos o relaciones que no sean la gente que vive en esa casa y el personal de esa y otras agencias sociales que cuidan de él. El personal se queja de que, desde hace ya muchos meses, Bruno presenta mejorías sociales importantes en el sentido de comportarse cada vez más responsablemente en la comunidad terapéutica para después, casi en cortocircuito, conducirse de manera totalmente irresponsable. Estas conductas inesperadas incluyen robar los dulces de la despensa y engullirlos de un tirón, cosa que no sólo fastidia a los demás sino que pone en peligro al propio Bruno, quien es diabético y debe mantener una dieta restringida. Aun más importante para el personal es que Bruno, en los momentos más inesperados, decía groserías y se comportaba de manera ofensiva para con el personal, lo que impulsaba al personal a quitarle responsabilidades en la casa así como a postergar sus planes de alta. Exploro cuáles son esos planes, y me comentan que, si bien este paciente ha habitado en la casa desde hace tres años, el criterio que siguen es que, cuando mejoran en su socialización, los pacientes son dados de alta y pasan a vivir en otra casa menos institucionalizada, en la que tienen más autonomía. Pregunto quién más está involucrado con este paciente, y me informan que durante el día los pacientes participan en las actividades de un hospital de día asociado, que incluye diversas actividades grupales y de recreación. Pregunto si el paciente tiene familia, y me informan que no mantiene contacto con familia alguna desde hace más de 20 años. Pregunto si tiene amigos, y me comentan que quienes pueden ser definidos como tales son fundamentalmente el personal, y tal vez algunos de los pacientes, pero ninguno en particular. Como el personal del hospital de día pertenece a la misma organización que opera la casa de cuidados comunitarios, invito a ambos grupos a una segunda reunión.

A la segunda consulta concurrieron un total de nueve personas, que constituye parte del personal de ambos programas, el de día y el de la casa. Exploré con el personal del hospital de día cuál es su descripción acerca del paciente y los eventuales problemas que perciben con él. Me informaron que, desde el punto de vista de ese sector, el paciente no presenta dificultades. Indagué acerca de cuáles eran sus expectativas, y me comentaron que realísticamente no esperan mucho cambio y que su expectativa era la de mantenimiento de los logros de socialización. Les pregunté si ellos suponen que el paciente podrá ser dado de alta de la casa de cuidados intensivos y, para sorpresa del personal de la misma, me dijeron que desde hace meses están convencidos de que el paciente tiene demasiadas limitaciones como para suponer que podrá evolucionar satisfactoriamente hasta el punto de ser dado de alta. Exploré con el equipo de la casa qué pasaría si el paciente no fuera dado de alta, es decir, si existen reglas institucionales que hacen imposible la permanencia indefinida de un paciente en la casa, y, después de cierto conciliábulo, me informaron que eso sería posible. Aun más, comentaron que pueden entender de qué manera el paciente podía haber estado entrampado con los mensajes contradictorios de ambos equipos y se quejaron de que su agencia no había favorecido suficientemente reuniones entre los dos equipos para unificar estrategias, a lo que contesté que de hecho la agencia había favorecido esta consulta, lo que establece un buen precedente.

A través de comentarios colectivos y algunas preguntas bien colocadas se hizo clara otra trampa: desde el punto de vista del pobre paciente, su buen comportamiento acababa siendo usado como argumento para lo que el personal definía como una graduación, pero que era vivido por el paciente como una expulsión de lo que era para él su hogar y su familia actual; por el contrario, su mal comportamiento era castigado con una quita de responsabilidades, lo que lo premiaba ya que lo mantenía como miembro del hogar.

En otras palabras, el equipo de la casa y en buena medida el del hospital de día se habían constituido en los contextos más significativos para este paciente. La casa era, desde todo punto de vista, su hogar.[3] *Por una parte, el paciente estaba entrampado por expectativas contradictorias y por lo tanto mensajes/comportamientos incompatibles de los dos equipos. Uno de ellos esperaba una evolución, un cambio, por parte del paciente (y se comportaba de acuerdo con esa expectativa) y el otro no (y se comportaba de acuerdo con tal supuesto), cosa que suele generar un efecto paralizante cuando no enloquecedor, en el mejor estilo del "doble vínculo" (Sluzki y Verón 1967, siguiendo a Bateson et al. 1956). Por otra parte, aun cuando tal contradicción de expectativas no estuviera presente, lo que para el staff de la casa era considerado un premio—la "graduación" del paciente a otra vivienda para pacientes psiquiátricos crónicos más autónomos, donde había menos vigilancia y estructura— significaba para el paciente la pérdida de buena parte de su magra red social significativa.*

Les propuse poner a prueba esta hipótesis. Sugerí que el equipo de la casa llamara a Bruno a una reunión y le informara que, después de mucha deliberación, ha llegado a la

---

[3] La palabra "hogar" tiene en castellano otro significado extremadamente evocativo, a saber, la recova con chimenea junto a la cocina donde, tanto antaño, en la casa medieval así como aún en muchas casas actuales de campaña, se mantiene el fuego en el que se cocina, con el que se calienta la vivienda y alrededor del cual se congrega la familia. No menos interesante, la traducción de la palabra "hogar" (en ese sentido) en inglés es "heart", término cuya otra acepción es nada menos que "corazón".

> *conclusión de que no lo darán de alta de la casa, sino que vivirá en ella por tiempo indefinido, y que, como miembro estable de la comunidad, tendrá que asumir una serie de responsabilidades, como corresponde a todo habitante estable de la comunidad. Ambos equipos discutieron cuál podría ser esa responsabilidad, y llegaron a la conclusión de que Bruno siempre demostró interés y habilidad como responsable de la despensa, por lo que podría estar a cargo de mantener el inventario de víveres y hacer listas de lo que hacía falta cada semana. Comentaron el riesgo de esa idea, que lo ponía al alcance de comidas que habían sido fuente de actuaciones inapropiadas anteriores, pero dijeron que valía la pena la prueba.*
>
> *Un seguimiento a dos y seis meses informó que Bruno seguía en la casa, que sus comportamientos desagradables se habían minimizado, y que era un despensero responsable. A mi vez recomendé al personal que cada tanto hagan algún comentario dirigido al paciente que le recuerde y reafirme la permanencia de su ciudadanía como miembro de esa comunidad. Un efecto colateral útil ha sido que el personal de los dos sectores ha formalizado reuniones semanales para discutir los pacientes en común.*

Este es un ejemplo de consulta institucional guiada por una óptica de red, es decir, por el supuesto de que los comportamientos individuales son contingentes a sus contextos interpersonales significativos y sensibles a modificaciones de los mismos.

¿Cuál es la moraleja de esa historia? ¿Qué hacer, en la práctica, con la información provista en este capítulo? ¿Cómo favorecer en nosotros y en otros el establecimiento, la consolidación, el mantenimiento y la expansión de la red social personal, y cómo reducir el impacto erosivo de una enfermedad crónica en la misma? Tal cual ha sido ya propuesto en el prólogo, existen muchas prácticas posibles, directas e indirectas, para influir en los procesos de red en salud y en enfermedad, desde la activación de redes naturales hasta la generación de redes ad hoc, desde la intervención terapéutica en red hasta la estimulación de las habilidades sociales necesarias para desarrollarlas, desde la recomendación de desconectarse de ciertos subsistemas tóxicos hasta la desintoxicación de subsistemas mediante intervenciones directas, desde la pesquisa destinada a definir cuál es el "sistema mantenido por el problema" hasta el desarrollo de conversaciones con miembros de la red para transformar el "problema mantenido por el sistema", todo ello teñido por variables idiosincráticas, y circunstancias personales, y por el contexto cultural, social, político y geográfico.

4
El proceso de migración: un experimento natural en disrupción y reconstrucción de la red social

Durante el proceso de migración y de relocación geográfica (¡a veces sólo un cambio de barrio!) las necesidades de los individuos se incrementan marcadamente en tanto que su red social de apoyo se fractura y perturba al extremo: muchos lazos sociales decisivos son dejados atrás y las necesidades personales se ven sólo parcialmente satisfechas tanto para los otros miembros de la familia —en caso de que la familia migrara conjuntamente— como por las nuevas relaciones. De resultas, la relocación está estrechamente asociada a un aumento en la frecuencia de perturbaciones psicosomáticas e interpersonales. Un análisis de las variables centrales que caracterizan a la red social y a la dinámica familiar que sigue a la perturbación de la red nos permite concluir que el estrés personal y los conflictos familiares son un subproducto casi inevitable (normativo) de la migración. Este reencuadre tiene importantes implicaciones preventivas y terapéuticas.

Introducción

En nuestra sociedad cada vez más móvil, un número creciente de individuos y familias se reubican geográficamente —a veces de manera reiterada a lo largo de un ciclo de vida familiar— por razones de estudio, trabajo o jubilación. A éstos se agregan los muchos que emigran por razones políticas, escapando a la opresión y a la represión, o por razones de supervivencia, huyendo de una vida sin futuro, cuando no de la muerte por inanición. De uno u otro modo, lo que para pocas generaciones atrás había sido una experiencia desgarradora que acontecía una vez en la vida se ha convertido en una transición normativa, es decir que puede ser predicha como regla más que definida como excepción.

No obstante su estatus normativo, nuestra cultura brinda sólo un reconocimiento nominal al hecho de que la migración es una transición que genera tensiones extremas. Cuando la gente que ha migrado comienza a mostrar claros signos de este estrés, a niveles psicosomáticos o interpersonales, esas manifestaciones tienden a ser vistas fuera de contexto, como reacciones idiosincráticas, individuales, "patológicas", sin tener en cuenta la ingente evidencia que subraya el impacto central del proceso de migración y reubicación geográfica en salud y salud metal (Imber-Black, 1988; Sluzki, 1979). En los años subsiguientes a una reubicación, tiene lugar más abuso de alcohol y más violencia familiar, ocurren más separaciones, y tanto los niños como los adultos sufren mayor cantidad de accidentes y de enfermedades.

Un análisis detallado de las modificaciones en las características estructurales y de las funciones de la *red social personal* antes y después de la transición, y un examen de la compleja dinámica que acontece como consecuencia de esas modificaciones, permiten resaltar el mecanismo mediante el cual la reubicación afecta a la familia.

Dinámica familiar durante la migración

Cuando una familia se reubica geográficamente (y, más aún, cuando la reubicación incluye una migración que trasciende los límites culturales), cada miembro abandona numerosos segmentos de su red social personal. Algunos miembros de la red dejada atrás son retenidos y mantenidos a través de cartas, llamados telefónicos o, simplemente, recuerdos, mientras que otros se desprenden —se consideran perdidos— del "mapa" emocional y funcional. En teoría, por lo tanto, esto debería corresponder a un período de duelo personal. Sin embargo, en la práctica, este proceso de duelo es minimizado u obviado a raíz de la necesidad prioritaria de adaptación al nuevo ambiente. Las habilidades adaptativas incluyen los esfuerzos para desarrollar una nueva red que podría reemplazar, al menos en parte, los vínculos y las funciones perdidos durante el proceso migratorio. Los esfuerzos serán facilitados o dificultados por las características del nuevo ambiente: por ejemplo, el estilo social característico de la costa oeste de los Estados Unidos facilita la inclusión de los recién llegados más que el de la costa este; las redes sociales de los conglomerados urbanos pueden ser más o menos receptivas que las redes en medios rurales según el punto de entrada y las conexiones del recién llegado a la trama social existente. En suma, parte del larguísimo proceso de socialización en el nuevo ambiente corresponde a la compleja tarea social de organizar una nueva red que pueda satisfacer las necesidades interpersonales. Mientras acontece este proceso de reconstitución de la red, muchas funciones interpersonales cumplidas por la vieja red permanecen insatisfechas. Durante ese período, que puede durar años, la familia se encuentra en un estado de estrés crítico, aun cuando los miembros suelen no percatarse de que muchas funciones vitales para su propio bienestar personal han desaparecido.

Con frecuencia las relaciones de pareja se ven sobrecargadas ya que uno (o ambos) esperan que el otro satisfaga las funciones que previamente eran cumplidas por otros miembros de la red, se tiende a esperar que el cónyuge se convierta en una fuente decisiva de apoyo emocional, aun cuando, de hecho, esa función haya sido previamente satisfecha en forma eficaz por amigos u otros familiares (padres, hermanos) y, por tanto, las habilidades necesarias para cumplir esa función no habían sido desarrolladas de manera eficaz dentro de la pareja. Sin embargo, en el nuevo ambiente, la necesidad insatisfecha es sentida como incompetencia, traición o abandono por el otro miembro de la pareja. A la vez, el otro, igualmente necesitado, experimenta no sólo su propia cuota de necesidades insatisfechas, sobrecarga y abandono, sino también las quejas agregadas del cónyuge y las desavenencias. El resultado es un círculo vicioso de tensión dentro de la relación: cuando uno de los miembros de la pareja reacciona defensivamente ante lo que ella/él percibe como sobrecarga y reproches injustos del otro, ese comportamiento justifica a los ojos del otro su queja previa, lo que cierra el ciclo de la profecía autocumplidora.

Los niños y adolescentes, a su vez, pierden una fuente importante de seguridad —el grupo de amigos y compañeros de clase con quienes comparten sus estadios de desarrollo y con quienes han establecido una base de confianza recíproca— y deben comenzar de nuevo en un vecindario y medio escolar percibido si no como hostil —con frecuencia, correctamente— al menos como indiferente. Y esto ocurre mientras los padres, envueltos en sus propios esfuerzos adaptativos y en sus desavenencias crecientes, resultan menos accesibles como fuente de apoyo.

Finalmente, los miembros ancianos de la familia, cuya red tiende naturalmente a perder miembros y contactos con el tiempo, tienen aun menos oportunidades sociales de reconstituir el componente no familiar de sus redes. Progresivamente aumentan su dependencia de sus familias, las que, sobrecargadas como ya están, tenderán a reaccionar negativamente a esos cambios. En resumen, durante tales circunstancias cada miembro de la familia tiene más necesidad de los otros, pero, por esta misma razón, es menos accesible para con los otros.

Los nuevos mapas

La construcción de la red es un proceso colectivo e individual permanente. Aun en períodos no transicionales hay miembros de la red social personal que son agregados o eliminados —tanto práctica como emocionalmente— o que van siendo desplazados de una esfera o cuadrante a otro en tanto las características de la relación y, por lo tanto, sus funciones van modificándose. La red social personal es así un sistema dinámico que evoluciona con el tiempo y las circunstancias. La circunstancia de una migración conmociona y transfigura la red, generando progresivamente un nuevo mapa que contiene:

- remanentes de la red anterior:
- aquellos miembros de la red que se reubican juntos, frecuentemente la familia nuclear; y
- nuevos vínculos que se van incorporando según el tiempo y las intenciones sociales lo permiten.

Lo habitual es que, comparada con la anterior, durante un lapso considerable, la nueva red tenderá a ser de menor tamaño, mostrará una distribución en cuadrantes más irregular, tendrá menor densidad y un repertorio más estrecho de funciones, será menos multidimensional, recíproca e intensa. Todo esto caracteriza a una red insuficiente y, por tanto, que tiende a la sobrecarga —más expectativas centradas en menos relaciones— y a la descompensación —crisis interpersonales e individuales.

El reconocimiento de la fuente importante de estrés derivada de las perturbaciones en la red, el duelo por los vínculos y funciones perdidos, los conflictos potenciales derivados de la sobrecarga y los malentendidos en las relaciones tienen importantes implicaciones preventivas y terapéuticas, no sólo para la práctica psicoterapéutica sino también para los médicos de atención primaria, ya que este período de estrés familiar incrementado se traduce con frecuencia en múltiples problemas somáticos, psicosomáticos e interpersonales, en adultos y en niños.

Un supuesto normativo, a saber, el supuesto por parte de los profesionales de la salud de que toda migración sea seguida de un período de estrés personal e interpersonal para todos los miembros de la familia, nos permitirá reencuadrar esa experiencia y sus posibles consecuencias no como "patología", sino como un costo inevitable de nuestra sociedad crecientemente móvil, permitiendo así desarrollar tanto medidas preventivas como terapéuticas dentro del contexto del ciclo vital natural del proceso de migración.

> *"De lo que no se habla no existe": un ejemplo clínico*
>
> *Una familia de origen filipino concurrió a una clínica general para consultar acerca de los comportamientos insólitos en un muchacho de 14 años quien, hace unos pocos meses atrás, comenzó a generar tics corporales llamativos, tales como mover los brazos como si estuviera espantando moscas, y producir sonidos explosivos tipo "psss" así como palabras soeces fuera de contexto, intercalados en la conversación o espontáneamente. Este comportamiento, que tendía a ser negado por el joven y, cuando era confrontado con los actos, no podía ser explicado por él, se intercalaba en lo que de otro modo era un comportamiento y un modo de hablar apropiado y placentero. Con todo, las interferencias fueron aumentando en intensidad durante el último tiempo hasta el punto en que el director de la escuela secundaria donde asistía el muchacho llamó a los padres y les informó que sus despliegues de movimientos e insultos explosivos eran tan disruptivos que lo había tenido que sacar de clase y, en última instancia, suspender hasta que el problema se resolviera. Ultimamente estos comportamientos —que configuran diagnósticamente el llamado Síndrome de Gilles de la Tourette, una categoría que algunos especialistas consideran de base neurológica, otros adosan al conjunto de las esquizofrenias, y, finalmente, otros definen como un grupo diagnóstico independiente— adquirieron tal predominancia que el muchacho no podía viajar en transportes públicos ya que la gente tomaba personalmente los insultos murmurados por el muchacho y lo había confrontado violentamente en varias oportunidades. El paciente es un joven un tanto tímido y muy agradable, si bien la conversación conmigo se vio matizada por sus ruidos, insultos y*

movimientos, que ocurrían, por así decir, como un canal paralelo al de la conversación, con el que se entrecruza frecuentemente. Cuando le preguntaba "¿Qué fue eso?", su respuesta era "Nada" o "No sé". Desde el punto de vista semiológico, la entrevista no aportó ningún otro síntoma aparente: el muchacho estaba preocupado por sus síntomas pero parecía casi indiferente al efecto de ellos: ocurrían no sólo en canales paralelos sino como en mundos paralelos. El contenido de la conversación fue, por otra parte, totalmente apropiado a la edad, sin ninguna experiencia de "patología" (con lo que quiero decir que el muchacho no desplegó ningún comportamiento o estilo que me haya hecho sospechar esquizofrenia o ninguna otra categoría diagnóstica más allá de la mencionada). Hasta que fue suspendido de la escuela, su rendimiento escolar había sido satisfactorio.

Los padres, una pareja joven, culta, elegante y socialmente muy agradable, con manejo fluido del inglés, expresaron su desconcierto y preocupación por su hijo. Una hija menor, de 10 años, participó en la entrevista apropiadamente y aportó poca información adicional: a ella los síntomas del hermano le daban risa o vergüenza en situaciones públicas.

Al promediar la entrevista exploré qué teorías tenían acerca de los síntomas del muchacho. Los padres me informaron que su médico de familia les dijo que probablemente era esquizofrenia, pero que ellos no entienden bien qué quiere decir. El joven mismo mantuvo su estilo tímido y simplemente dijo que no tiene ninguna teoría, que no sabe. A mi vez, más adelante en la sesión yo también afirmé que aún no tenía muy claro cuál era la razón por la que el joven se comportaba así, pero que suponía que tenía que ver con tensiones y estrés, una afirmación un tanto vaga pero al menos no rotulante que pareció resultar satisfactoria a los padres, al menos como primera devolución. Les expresé mi intención de medicar temporariamente al muchacho (con haloperidol, fármaco que ha sido recomendado específicamente para este síndrome) y les propuse tener un par de entrevistas con los padres solamente, para explorar elementos de su historia y permitirme entender mejor el contexto.

Merece aclararse que la decisión de medicar (y, en términos generales, mi compromiso en mantenerme actualizado en términos de psicofarmacología clínica), representan mi esfuerzo por retener una perspectiva respetuosa del continuo bio-psicosocial en términos clínicos, y evitar envolver a mis pacientes en mi sesgo ideológico en favor de las intervenciones psicosociales, deprivándolos así del posible beneficio de los fármacos. Con todo, esta posición ecléctica contiene una cláusula inevitable: una vez que incorporo la medicación pierdo la posibilidad de discriminar los efectos de las variables (e intervenciones) psicosociales y de las variables (e intervenciones) neurobiológicas. A su vez, la decisión de entrevistar por separado a la pareja derivó de mi impresión, en el curso de la primera entrevista, de que los padres mantenían en todo momento ante los hijos una posición de "padres modelo", que concuerda con mi conocimiento acerca del valor dominante de "salvar las apariencias" en gente proveniente de culturas orientales.

En el curso de la segunda y tercera entrevistas, esta vez sólo con la pareja, se desplegó la historia de la familia. Ambos pertenecían a familias de clase media-alta tradicional filipina. El era abogado, y su padre, además de abogado, era senador representante de un partido de oposición. Ella había hecho estudios generales en la universidad, y provenía de una familia con conexiones políticas en ese mismo partido. Se conocían desde niños ya que los padres compartían círculos sociales y clubs. Noviaron casi predictiblemente durante la adolescencia, se casaron bastante jóvenes, con beneplácito general, y tuvieron ambos hijos en el contexto del apoyo de sus familias extensas. Su vida transcurrió de manera plácida y estable por derroteros trazados socialmente. Con todo, luego de un golpe militar que generó una persecución política de opositores al régimen de facto, la familia de él se vio seriamente amenazada y la pareja, en un esfuerzo por protegerse y proteger la vida de sus hijos, emigró a los Estados Unidos unos 5 años atrás, contando con cierto apoyo económico de ambas familias, pero no lo suficiente como para vivir confortablemente. Por lo tanto, ambos comenzaron a trabajar. Dado que el título de abogado no es revalidable (las leyes y procesos judiciales son fundamentalmente diferentes en diferentes países), él obtuvo trabajo como coordinador de un centro de asistencia social de la comunidad filipina. A su vez, ella siguió un curso de higienista dental en un colegio comunitario y comenzó a trabajar a tiempo parcial durante las horas en que los niños estaban en la escuela. Ambos comentaron que las cosas no habían sido fáciles pero, en lo que yo entendí era un esfuerzo de salvar las apariencias conmigo, ambos concordaron en que ha sido una experiencia positiva. Con todo, mi postura para con ellos introdujo la otra cara de la moneda: en diversos momentos, en respuesta a descripciones que ellos ofrecían, comenté acerca de mi propia experiencia de inmigración, acerca de las penurias y los malentendidos de la disonancia transcultural, acerca de los múltiples conflictos familiares generados por la sobrecarga de la migración, generando una suerte de eco o comentario empático acerca de los aspectos más difíciles de su historia reciente. Esto normalizó sus dificultades (sus penurias dejaron de ser definidas como señal de debilidad o incompetencia para transformarse en efectos habituales de circunstancias difíciles) y legitimó sus experiencias. Progresivamente se fueron abriendo y, cosa muy importante, se abrieron entre sí: una y otra vez, un comentario acerca de dificultades de uno era respondido con sorpresa por parte del otro, con comentarios tipo "Nunca me lo dijiste", o "No me había dado cuenta de que lo estabas pasando tan mal" (a lo que yo acotaba, a mi vez, un comentario contextualizante tipo "La manera en que cada uno parece haber tratado de cuidar al otro ha sido a través de minimizar la expresión de sus propias dificultades, lo que les debe haber reducido la sensibilidad a las señales del otro"). En un momento dado, ella comenzó a sollozar hablando acerca de su soledad, y él exclamó con asombro y ternura que eran las primeras lágrimas que le había visto desde que llegó a los Estados Unidos. En términos de redes, el panorama que pude reconstruir fue el siguiente: en las Filipinas cada uno de ellos se crió en una familia extensa, con múltiples parientes cercanos y lejanos en interacción, y con amigos estables que incluían tanto familiares cercanos como compañeros de colegio, de deportes y de trabajo. Aun después de casados, y a pesar de ser bien avenidos y quererse, cada uno mantuvo su propia red de amigos cercanos: ella podía confiar sus vicisitudes emocionales a sus primas y amigas, pedirles y dar consejo, y contar para todo con ellas, así como con sus padres; otro tanto él, que era, además, socio de su padre en el estudio de abogacía. La pareja no había necesitado desarrollar estilos de intimidad interpersonal (buena parte de esas funciones estaban cumplidas con creces por otros miembros de su red) ni tal intimidad estaba prescripta por su cultura (que mantiene una cierta separación entre círculos de varones y círculos de mujeres). Una vez que emigraron, el nicho interpersonal se colapsó dramáticamente. Cada uno comenzó a cubrir para el otro funciones interpersonales adicionales. Con todo, esto ocurría al tiempo en que cada uno estaba sobrecargado y necesitado, y por lo tanto menos abierto y accesible a las necesidades del otro. Además, ambos estaban entrampados por ciertas limitaciones inherentes a su cultura en relación con roles aceptables y esperables, por lo que muchas de las funciones cumplidas por la red extendida quedaron sin cubrir. Todo esto fue discutido con ellos, a lo que agregué el comentario de que otro tanto les debe haber acontecido a los niños. Aun más, acoté, tal vez el comportamiento extraño del hijo sea una forma de pedir atención —independientemente de los inconvenientes que le haya traído esta metodología. Los padres afirmaron que buena parte de su esfuerzo ha estado dedicado a hacer la transición más viable para sus hijos, pero reconocieron que sus esfuerzos se han centrado en cosas prácticas más que en apoyo emocional propiamente dicho. El padre reconoció que se ha distanciado demasiado de los jóvenes, especialmente del hijo, y la madre agregó que su marido se ha vuelto menos demostrativo en general, en una alusión que implicaba delicadamente una carencia que también la afectaba a ella, a lo que acompañó con una justificación relacionada con la sobrecarga de trabajo y las responsabilidades que él había asumido. El marido aceptó, con todo, la recriminación y le aseguró que trataría de cambiar. En términos generales, ambos se embarcaron en una autocrítica en términos de las conductas de apoyo del uno para con el otro: cada uno se propuso aumentar su sensibilidad para con el otro así como abrirse más, siguiendo los caminos explorados en las dos sesiones. A pesar de mi curiosidad, exploré mínimamente cómo estaba evolucionando la sintomatología del hijo, para no desviar la atención del foco en procesos interpersonales; cuando lo hice, comentaron que estaba mejor y, en el curso de la segunda sesión de pareja, informaron que ya había retornado a la escuela, y no tenía dificultades en situaciones sociales ni en el transporte público. También en un momento dado de esa sesión el padre comentó, que, a partir de un cambio político muy reciente que había generado una reducción significativa de la política represiva del gobierno, había estado considerando la idea de retornar con la familia a su país, y que sólo lo retenía una sensación de fracaso que temía podría acompañarlos si volvían a las Filipinas sin haber "conquistado América". Su mujer lo miró con asombro y comentó que ella también había estado pensando lo mismo, pero que no se animaba a hablar del asunto por miedo a ofenderlo, sabiendo lo importante que era triunfar para el marido. Aun más, aprovecharon ese clima de apertura e intimidad para revelar el uno al otro que habían mantenido en secreto cierta correspondencia con amigos y parientes en su país. La conversación se enriqueció aun más con el reconocimiento de que ese deseo secreto había redundado en detrimento del desarrollo de una red social en los Estados Unidos, su país de adopción: "para qué hacer el esfuerzo de establecer contactos sociales si de todos modos se iban a ir pronto" (en un "pronto" mítico en tanto no hablaban de eso ni habían establecido un límite subjetivo u objetivo para su experiencia emigratoria). Ambos se rieron, aliviados de que el tema podía ser conversado sin generar una debacle. Les recomendé que, una vez que se sintieran totalmente cómodos con el tema, lo hablen con los hijos abiertamente, ya que tal vez ellos también alberguen algunas esperanzas secretas, similares o distintas. Este último comentario preocupó a los padres: ¿qué pasaría si ellos quieren retornar y los hijos no? Las sesiones de pareja se cerraron con expresiones de agradecimiento de la pareja, que fueron retribuidas: yo también aprendí mucho gracias a su franqueza y perceptividad.

Hice un par de entrevistas de seguimiento con la familia completa, en la que los padres expresaron que el clima familiar había cambiado en dirección a más cercanía y calor, y el muchacho —que continuó tomando la medicación prescripta y sigue funcionando bien en la escuela— no presentó ningún comportamiento sintomático durante la sesión. Como al pasar, comentan que están pensando en retornar a las Filipinas, y que el primero que lo haría será el hijo, para que pueda preparase para los exámenes de admisión al primer año del colegio secundario bilingüe (tagalog-inglés) al que concurriría. Viviría un tiempo en casa de los abuelos, hasta que el resto de la familia retorne. A mi vez acoté que siempre es bueno enviar un explorador de avanzada para ver cómo es eso de volver, y ellos, sonriendo, felicitaron al hijo por el rol.

En la última sesión, propuse un contacto de seguimiento tres y seis meses después, cosa que aceptaron. Con todo, los vi una sola vez más, tres meses después, en una entrevista en la que me comentaron que el muchacho seguía asintomático —cosa corroborada por su comportamiento en sesión—, y me informaron que la posibilidad de volver a su país había mejorado aun más, dado que se había producido un cambio político que lo hacía viable y sin riesgos. El fin de año subsiguiente recibí una tarjeta postal de ellos, enviada desde Filipinas, en la que me deseaban felices fiestas.

De los muchos elementos interesantes de esta terapia merece subrayarse:

• la sobrecarga que genera en la pareja la migración: muchas funciones cumplidas por miembros de la red extendida —familiares tanto como amigos— quedan "vacías", y cada miembro de la pareja espera que el otro las cumpla, aun cuando el otro puede que nunca las haya cumplido previamente, ni sepa cómo hacerlo (lo que constituye un caldero perfecto para el resentimiento);

• este aumento de expectativas por parte del otro ocurre precisamente cuando cada uno está a su vez más carenciado, sobrecargado, y necesitando alivio, y la presencia del otro para cumplir funciones adicionales;

• el volcarse a cumplir necesidades de los hijos funciona en parte como cortina de humo que oculta las necesidades de los adultos;

• un componente clave de la función interlocutora y transfomativa del terapeuta reside en mantener una postura empática, contextualizadora y normalizadora, legitimando las experiencias de cada uno, y operando con un supuesto de competencia o, al menos, de buena intención en términos de los comportamientos de los participantes.

5

Casándose y descasándose: vicisitudes de la red social durante el matrimonio y el divorcio

Los avatares que transforman a dos seres humanos independientes y originariamente desconocidos entre sí en una pareja, en una díada entrañablemente ligada por proyectos, sueños, intimidad, lealtad, sexualidad, y con una red social en común, han sido objeto de innumerables novelas y filmes, en toda su complejidad y multiplicidad. De hecho, la historia de ese proceso es, para cada pareja, no sólo rica sino, en última instancia, única: la historia de la formación de la pareja constituye un folklore privado que acota la relación, le recuerda sus raíces, sus principios, sus normas. Subyaciendo a estas idiosincrasias, es posible establecer, con todo, un número discreto de patrones.

Al respecto, un poco de historia. Uno de los instrumentos más ingeniosos y fascinantes desarrollados por el grupo original del Mental Research Institute de Palo Alto, California, a fines de la década de 1950 fue la llamada Entrevista Familiar Estructurada (diseñada por todo el equipo de investigadores de esa institución, y refinada por Watzlawick, 1966). Este instrumento consiste en una serie de preguntas y tareas dirigidas a parejas parentales y a tríadas padres-hijo/a cuyas respuestas permitió analizar patrones interactivos en muestras de familias con hijos con diagnóstico de esquizofrenia, colitis ulcerosa, delincuencia y fibrosis poliquística (la que en general era considerada "muestra control"), y que abrió las puertas a numerosas investigaciones interaccionales. Una de esas preguntas era "¿Cómo, de entre todas las personas del mundo, ocurrió que ustedes formaron una pareja?" (*"How, of all the millions of people in the world, did the two of you get together?"*), formulada en tono interesado y con acento en el "ustedes" a la pareja parental de las diferentes muestras.

La colección de respuestas a esa pregunta constituye un conjunto fascinante... y cada vez que me acuerdo de formular esa pregunta a una pareja que consulta por una u otra razón encuentro la respuesta igualmente fascinante. Hay parejas que relatan su casamiento como la culminación y el codiciado premio al final de una *historia homérica* plena de ordalías completadas y obstáculos superados, como en tantas fábulas e historias épicas de nuestra cultura. Otras describen su relación como el resultado de una *preconfiguración pasiva* y sin opciones ("Nacimos en casas vecinas, nuestros padres siempre dijeron que nos casaríamos, y así lo hicimos.") o proveyendo razones fundamentalmente *cronológicas* con poca personalización ("Había cumplido 30 años y decidí casarme con el primer candidato que apareciera, para no perder el tren"). Otros describen un proceso de *selección calculada* a la búsqueda de una pareja con gustos y prioridades específicas ("Busqué hasta encontrar un marido que fuera responsable, que quisiera tener al menos tres hijos, y que fuera religioso." "Como yo quería casarme con alguien que no fuera de mi círculo académico, comencé a frecuentar el Museo de Arte, que fue de hecho donde nos conocimos."). Otras establecen la relación a partir de un *coup de foudre* ("Nos vimos a través de un salón repleto en una fiesta, el corazón nos dio un salto, nos acercamos casi sin hablarnos, y bailamos juntos toda la noche, sabiendo ya que estábamos destinados el uno para el otro"). Y pocas variaciones más. Un agregado intrigante desde el punto de vista del trabajo terapéutico con parejas es aquellas en las que un miembro define la historia dentro de un estilo descriptivo (por ejemplo, "historia homérica") y el otro de manera diversa (por ejemplo, "cronología").

De una u otra forma, el matrimonio es un ritual que formaliza la fusión o *consolidación de las redes previas* de los miembros de la pareja. De hecho, durante el noviazgo se puede perfilar ya la configuración futura de la red de la pareja. Esta transición y subsiguiente configuración puede ser analizada sobre la base de rasgos que le son específicos:

• *equilibrio o desequilibrio*, es decir, tendencia a incluir equitativamente a componentes de las redes previas de ambos miembros de la pareja ("Tus amigos y mis amigos") o bien a presentar un sesgo en favor de uno o del otro: a veces por razones externas, tales como la migración de uno de los miembros de la pareja para casarse, a veces por razones internas, tales como el deseo de ambos de desconectarse de la red de uno de ellos, calificada como indeseable, y a veces por razones más tortuosas, tales como los celos de uno de los miembros de la pareja de las relaciones previas del otro;

• *integración o separación*, es decir, tendencia a incorporar toda nueva relación a un fondo común compartido de vínculos, o bien a operar con un supuesto de división de territorio en que ambos miembros de la pareja (o uno de ellos) establecen y mantienen un conjunto importante de relaciones individuales de las que el otro no forma parte;

• *continuidad o discontinuidad temporal*, es decir, tendencia a entrelazar las redes que cada uno aportó a la pareja con las nuevas relaciones que establecen como pareja, o a favorecer una división en "antes y ahora" en la que ambos miembros de la pareja (o uno de ellos) mantiene contactos con relaciones previas independientes de las nuevas; en el caso específico de la red familiar, esta variable se expresa incluso en la decisión de participar o no en ritos familiares. Así, por ejemplo, hay parejas que mantienen rituales previos que marcan afiliación con la familia de origen, y que enmarcan a la pareja o familia de adopción como subsumida en esa otra red, cosa que puede aparecer de manera políticamente equilibrada ("Alternamos yendo un domingo a almorzar a la casa de mis padres y el siguiente a la de sus padres") o sesgada en favor de uno de los grupos de origen ("Cada domingo vamos a almorzar a la casa de mis padres"). Por cierto que muchas parejas eligen demarcar su pasaje en el ciclo vital a través de un cambio drástico de la rutina que altera las prácticas de red, creando nuevos rituales para la nueva familia ("Desde que nos casamos [o, aun más frecuentemente, 'desde que tuvimos nuestro primer hijo'] decidimos festejar Nochebuena en casa, y no en la de nuestros padres/suegros.") o simplemente dejando de lado los rituales previos.

En términos generales, las parejas nuevas tienden a establecer y mantener relaciones con parejas de aproximadamente la misma edad, etapa de vida e intereses, más que con gente soltera o con mucha diferencia de edad e intereses (con excepción de la familia). A su vez, las parejas con hijos establecerán y/o mantendrán más activamente relaciones con parejas con hijos de edad similar con más frecuencia que con parejas sin hijos o de edad muy diferente de la suya (una vez más, salvo que sean miembros de la familia).

Ahora bien, cuando una pareja entra en crisis, y esta crisis trasciende a la red social —comenzando por lo general a través de contactos con amigos íntimos o familiares cercanos—, la presión social de la red tiende, por lo general, a favorecer la preservación de la pareja. La red se activa en derredor. Familiares y amigos hablan entre sí acerca de la pareja, sus problemas y posibles soluciones, a veces con sorpresa, a veces con sabiduría *ex post facto* ("Ella tendría que haberle puesto límites hace mucho tiempo"), con frecuencia proponiendo soluciones de sentido común que resultan de esas explicaciones ("El tendría que hacer el esfuerzo de ser más expresivo"; "Ella tendría que cuidar más su apariencia personal"; "El tendría que trabajar menos horas"; "Ella está demasiado dedicada a los chicos"; "El tendría que perder peso"). La activación incluye contactos con los miembros de la pareja, tanto individualmente, hablando en privado acerca del tema y ofreciendo consejos, recomendaciones, y llamados a la cordura, como conjuntamente, envolviéndolos en actividades sociales propias de una pareja. Esta última constituye una contribución nada desdeñable para la re-estabilización de la relación, ya que el que la pareja se vea reflejada en el mundo social como una pareja atractiva y efectiva le ayuda a reconstituir muchos atributos positivos de su identidad conjunta.

Si la crisis continúa o se agudiza, la red se polariza progresivamente: los miembros comienzan a aliarse más abiertamente con uno u otro miembro de la pareja, favoreciendo historias acerca de la crisis que define a uno o al otro como víctima (lo que constituye una "buena" localización en términos de rol) y victimario (lo que es malo), como razonable e irracional, como tolerante e intolerante, como leal y traidor, como responsable e irresponsable, etcétera. Los miembros de la pareja en crisis, a su vez, van favoreciendo progresivamente el contacto con aquellos habitantes de su red social que comparten una historia que los favorece, en tanto que disminuyen o evitan el contacto con relaciones que favorecen descripciones negativas de ellos, o positivas del otro miembro de la pareja. Esto ocurre tanto con amigos como con familiares.

Con frecuencia, buena parte de los miembros de la familia activan sus lealtades previas y tienden a poner en práctica la polarización tempranamente, con el riesgo de consolidar descripciones que hacen más difícil la reconciliación ("Si llegamos al acuerdo de que él es un cretino, ¿cómo puedes pensar ahora en reconciliarte con él?"). En el caso en que la pareja en crisis tiene hijos, sin embargo, los abuelos y tíos de los niños suelen encontrarse en una situación más complicada, luchando a veces por mantener una posición explícita de ecuanimidad para no poner en riesgo su acceso a los pequeños a través de una ruptura con "el otro" que los aleje demasiado, en caso de que tenga lugar una separación.

Aquellas separaciones que han sido precedidas por un proceso largo, tortuoso y público proveen a la red de tiempo para polarizarse más lenta y progresivamente, distanciándose del otro sin violencia social excesiva. Por el contrario, si la separación ocurre abruptamente, sin aviso previo, el acontecimiento suele ser experimentado como catastrófico y desorganizante, especialmente para la familia cercana de ambos. Esta, y los amigos previos o nuevos que se convirtieron en amigos de la pareja, sorpresivamente pierden un miembro importante y querido de la red cuando no todo un subsistema constituido, por ejemplo, por los consuegros y sus familias y amigos, quienes suelen retraerse por solidaridad o puro desconcierto, ya que no existen reglas sociales para el mantenimiento de esas relaciones (¡ni nombres, por ejemplo, para una relación de ex consuegros!).

Si la pareja navega la crisis sin llegar a la separación, la relación entre la pareja y aquellos sectores de la red que mantuvieron una posición de presión social con participación activa y sin tomar partido se solidifica, en una suerte de prueba del poder curativo de las relaciones. En contraste, la pareja tiende a tomar distancia de aquellas relaciones que se polarizaron prematuramente.

Si la pareja se separa o divorcia, las cosas cambian para mucha gente: la separación posee un carácter aversivo, especialmente para las parejas que eran amigas de la ex pareja, las que tienden a reducir el contacto con los individuos separados. La separación parece materializarse como un espectro o una amenaza para las otras parejas ("¡Si ellos, que parecían tan bien avenidos, se han separado, tal vez eso nos pueda pasar a nosotros también!"). Además, las agendas y los proyectos de los individuos en pareja contienen supuestos sociales y rutinas que son radicalmente diferentes de las de los solteros y divorciados, entre los cuales está el bus- car pareja —o al menos estar abierto y accesible a formar una pareja—, lo que es percibido no sólo como un proyecto di-vergente sino incluso amenazante, ya que contiene implícita la posibilidad de que uno de los miembros de la pareja acabe eligiendo al agente libre o siendo seducido por él o ella.

Al cabo de unos meses, la red social de cada uno de los miembros de una pareja separada/divorciada estará constituida por:

• habitantes previos de la red que han tomado partido por ese miembro durante el proceso de separación, y que, por lo tanto, comparten una descripción de la transición que coloca al sujeto en una posición noble, sana, favorable;

- nuevos agregados a la red: gente que no ha conocido a la pareja previa como tal, y que no incluyen la historia de la separación en la percepción, descripción o historia del sujeto, y en los que el sujeto no ve reflejada su historia pasada sino sólo su identidad actual de "separado, divorciado, o soltero-otra-vez";

- algunos miembros de una zona neutra —que no participó mayormente en el proceso de separación— así como "viejos amigos previos de ambos", los que suelen funcionar como agentes transmisores de noticias acerca del otro pero que no son incorporados al círculo de la intimidad; y

- algunos miembros del "otro bando", con frecuencia familiares del ex cónyuge, que mantienen el contacto por razones de cariño o conveniencia —acaso para mantener contacto con los niños— o aun en un esfuerzo de ser fieles a una ética de ecuanimidad.

A la larga, estos dos últimos sectores tenderán a reducirse al mínimo.

Hay, con todo, separaciones en las que uno de los cónyuges ha violado de tal manera las normas éticas del grupo (abandono del hogar rompiendo contacto con cónyuge e hijos, violencia física precediendo la separación, un affair escandaloso, maniobras explícitamente destinadas a perjudicar al otro) que la separación se acompaña de una ruptura del vínculo entre éste y la gran mayoría de las relaciones de la pareja, que tienden a polarizarse alrededor del cónyuge-víctima (con la excepción ocasional de algún familiar o amigo previo fiel del victimario), resonando con una historia compartida de los sucesos que define claramente el juicio moral del grupo.

A esta descripción merece agregarse, con mayor frecuencia de lo que se reconoce, una pérdida central en la red de las personas separadas, a saber, la pérdida del cónyuge (pérdida que puede ser experimentada independientemente de eventuales felicitaciones que esa persona pueda recibir por parte de amigos y familiares por haberse sacado de encima a la fuente atribuida de muchos problemas y dificultades). Cuando la separación no es consensual, y aun más cuando es rápida e imprevisible, ambos cónyuges, y especialmente el cónyuge que *no* tomó la iniciativa, es decir, el que fue "dejado", en lugar del "dejador", no sólo pierde la estabilidad de un vínculo central sino, en muchos casos, un amigo (que ha traicionado), un confidente (que se ha tornado infidente), un amante (que ha abandonado), y una fuente central de valía (un espejo que se ha hecho añicos).

Esa experiencia de pérdida puede detectarse aun en casos de una separación definida como "de común acuerdo" y precedida por un período de preparación. Al respecto merece notarse que, a pesar de todo esfuerzo semántico en los que la pareja en proceso de disolución pueda embarcarse ("consensualidad", es decir, "los dos decidimos separarnos de común acuerdo"), es con frecuencia más un acuerdo descriptivo para salvar la dignidad de los participantes que una descripción acabada, ya que rara vez los cónyuges danzan la danza de la separación al unísono: uno de ellos tendrá más tolerancia que el otro a la ambigüedad o a la tensión, uno será un portavoz más explícito que el otro de las acciones a llevar a cabo para consumar la separación, uno desplegará más que el otro movimientos para intentar revertir el proceso, a ve-ces, alternando en sube y baja. A pesar de ese desequilibrio inevitable, el duelo por la pérdida de las múltiples funciones positivas cumplidas por el cónyuge se interpenetra con las otras múltiples emociones y vicisitudes tormentosas que acompañan —o que constituyen— el proceso de divorcio. Dado que el tema excede el foco del presente libro, remito al lector interesado a la extensa bibliografía sobre el tema (cfr., e.g., Weiss, 1975; Isaacs, Montalvo y Abelsohn, 1986; Gold, 1988; Ahrons y Rodgers, 1989; Ahrons, 1994).

"NÁUFRAGO EN EL ESPACIO": UN EJEMPLO CLÍNICO

Recibí una llamada de Joy, la ex esposa de Pete, un colega joven, hosco y tierno a la vez, a quien yo conocía desde su residencia en psiquiatría. Pete y yo habíamos establecido una relación primero profesional —como terapeuta-confidente en la discusión de un par de problemas situacionales que me había confiado—, y luego amistosa si bien no próxima cuando, al finalizar su residencia, se incorporó al equipo docente-asistencial al que yo pertenecía. Joy y Pete, ambos norteamericanos blancos de clase media progresista, sin afiliación religiosa, se conocieron en una comuna donde habían vivido, se casaron, tuvieron un hijo y, hace unos dos años se sepa-raron, luego de siete años de matrimonio, a iniciativa de ella. Ambos son personas muy queribles, y tienen una red amplia de amigos cercanos. Joy, a quien conozco desde su casamiento con Pete, me comentó que estaba extremadamente preocupada por los comportamientos bizarros de su ex marido. Pete, me dice Joy, está convencido de que el hijo de la pareja, un que-rubín delicioso de 7 años a quien Pete está extremadamente apegado desde su nacimiento, no es su hijo biológico, que su mujer lo engañaba ya entonces (ella afirma que nunca tuvo relaciones con otro hombre durante su matrimonio). Aun más, Pete, inapropiadamente, ha hecho comentarios a su hijo al respecto en las visitas semanales (el acuerdo de separación le otorga una visita durante la semana y todo el fin de semana), ha dejado de hablarle a Joy y despliega para con ella un comportamiento de odio silencioso. Varios amigos han tratado de hablar con Pete, continúa Joy, pero él está encerrado en su furia y en sus ideas fijas, y se ha desconectado de todos sus amigos, arguyendo que todos conocen ese secreto y que se han complotado para mantener el engaño. Joy está preocupada no sólo por Pete, a quien considera delirante, sino por su hijo, y aun por su propia vida, ya que lo siente con un potencial extremo de violencia. Pete ha iniciado hace unas pocas semanas unas consultas con un psiquiatra, pero ha rehusado la recomendación del mismo de tomar medicación psicotrópica. Joy comenta que está a punto de iniciar un procedimiento de orden judicial para bloquear el acceso de Pete a su hijo hasta que su estado mental cambie, dado el comportamiento totalmente inapropiado de Pete para con el hijo así como el miedo de Joy a que Pete cometa un acto de violencia con ella o consigo mismo. Como último paso previo para calmar la situación, me pide que hable con Pete, quien ella cree me tiene confianza, y que haga algo. Me comenta también que, a su vez, le ha rogado a Pete que hable conmigo.

Alarmado por el sabor paranoide y potencialmente explosivo de la situación, acepté la propuesta y llamé a Pete a su oficina en la clínica comunitaria en la que trabaja. Le dije que Joy me llamó preocupada por la situación de tensión entre ellos, y que me pidió que hablara con él. Pete me respondió con cierta desconfianza, pero aceptó que nos encontráramos en un café a conversar.

Lo primero que me impresionó al encontrarnos fue su rostro tenso, cansado y desencajado. Su participación en el diálogo fue al comienzo monosilábica, pero, reactivando un contacto que ha sido siempre cálido y amistoso, no tardó mucho en abrirse, contándome su sufrimiento cuando descubrió que su hijo no era biológicamente suyo. Me comentó que lo quiere con igual devoción, pero que sabe que no lleva su carga biológica. Le pregunté qué evidencias tenía para decir eso, y él me comentó que había notado ciertos rasgos fisonómicos que "no encajan" y también se acuerda de un período, hace ya casi seis años, en que Joy estaba como distante de él. Le planteo que la evidencia que él propone es muy tenue, y él me dice que puede ser, pero que él está convencido de que es así. Aun más, me confía que, como si eso no fuera suficiente, está también convencido desde hace poco tiempo de que él, a su vez, tampoco es hijo de su padre, y que sus padres —que viven en una ciudad a unos 800 kilómetros de distancia— lo han engañado al respecto. También está furioso con ellos por ese engaño. Me cuenta que ha hablado por teléfono con el padre para confrontarlo, y el padre negó totalmente tal posibilidad. Desde entonces los padres lo han llamado por teléfono varias veces pero él se ha rehusado a entablar diálogo alguno con ellos. Le pregunto qué evidencia tiene de que él no es hijo de su padre, y él nuevamente argumenta cierta diferencia en fisonomía entre él y su padre, así como una posible discrepancia de 24 horas en las fechas de inscripción de su certificado de nacimiento. Agrega que podría establecer nuevamente contacto con los padres, a quienes quiere mucho, pero sólo si ellos reconocen la verdad, a saber, que él no es hijo de su padre. Me cuenta que tampoco puede contar con sus amigos, que parecen estar en alianza con Joy para negar lo que para él es una realidad que todos conocen. La única persona con la que siente que puede contar es su actual compañera —con quien pasa algunas noches por semana—, pero me comenta que también está pasando algo con ella, ya que ella le ha dicho hace pocos días que necesita un poco de distancia porque no puede tolerar su interminable rumiación autotorturante.

Le pregunto dónde estoy ubicado yo en su "confianzómetro", y él me responde que en el medio, "50 y 50". Le comento que lo que más me impresiona, y lo que más me hace sufrir poniéndome en su lugar, es su soledad: él ha sido una persona nutrida por las relaciones cálidas que ha cultivado y mantenido toda su vida, tanto con sus padres como con los muchos amigos y amigas que lo quieren, y con buena razón, y aun ha mantenido una relación inusualmente cordial con su ex mujer. Ahora, tal cual lo describe, se debe sentir terriblemente solo. Pete comienza a llorar y me confirma su soledad y desesperación. Le comento mi impresión de que los amigos, y sus padres, y su ex mujer y todos, están queriendo mantener contacto o al menos conectarse nuevamente con él, y que es él quien los mantiene a distancia. El dice que puede que sea así, pero que él está convencido de que todos están tratando de engañarlo. Le pregunto cuál podría ser la razón de ese engaño, y él comenta que tal vez sea para protegerlo, pero que el efecto es precisamente lo opuesto. Le pregunto si extraña a

Joy y él comenta que siempre la ha extrañado enormemente, pero que ahora no volvería con ella bajo ninguna circunstancia. Exploro si Joy ha establecido a su vez una relación de pareja, y Pete me comenta que Joy le informó recientemente que estaba comenzando una nueva relación. Le pregunto si esto lo alarmó o puso triste, y él dice que no mucho, ya que él a su vez ya tenía una compañera. Calibrando cuidadosamente el modo de formularlo, le pregunto si la posible presencia de otro hombre en la vida de su hijo lo preocupa, y Pete me contesta que por supuesto que sí... aun cuando no es su hijo. Comentando que siempre que se da una separación las redes de amigos se tienden a polarizar y a veces a tomar partido, le pregunto cómo fue su propia experiencia al respecto. Me comenta que unos cuantos amigos se pusieron de uno u otro lado, pero muchos no. Con todo, le ha resultado difícil seguir conectado con muchos de ellos, porque traen consigo el recuerdo de su fracaso matrimonial, lo que le resulta muy doloroso. Le pregunto si ha comido o ha dormido bien en estos últimos días, y él dice que no, y que casi no puede trabajar, obsesionado por el "doble engaño".

Le comento que, tal cual lo entiendo, todos —sus padres, sus muchos amigos, Joy, y yo mismo— estamos muy preocupados por su extremo sufrimiento y por el hecho de que se ha vuelto casi totalmente inaccesible al contacto. El reconoce que puede que todos lo quieran bien, pero que el engaño es una prueba intolerable de la duplicidad colectiva. Le hago notar que el desacuerdo reside no en si lo quieren o si él los quiere sino en que todos dicen que no lo están engañando y él dice que sí, y que no hay pruebas en uno u otro sentido. Con todo, arguyo, el dolor es un dolor de todos, que no lo quieren perder como la persona que los padres han criado y conocido toda su vida —hijo o no hijo— y que la ex esposa y todos sus muchos amigos han nutrido y con la que se han sentido nutridos emocionalmente —engaño o no engaño. Le digo que a mi criterio la situación es crítica. (Y, de hecho, así lo considero en ese momento, siendo testigo de lo que evalúo como una desestabilización dramática, probablemente ligada a la disrupción de su red social que siguió a su separación y a la amenaza que le significa en el vínculo con su hijo el que Joy haya establecido otra relación.) Y le pido acepte mi intervención: le propongo que yo convoque "una reunión de toda su tribu", familia y amigos, para intercambiar ideas acerca de qué hacer para reducir el dolor y la preocupación colectiva, y su propio dolor y preocupación. El dice que no quiere negociar con ellos. Le respondo que, si acepta mi propuesta, dado que yo voy a coordinar la reunión, le garantizo que no tendrá que negociar nada, ni siquiera tendrá que hablar, sino sólo estar allí. Aun más, le propongo que me diga quiénes son las personas que él querría que participen en esa reunión que le permitan sentir que tiene más garantías en términos de "gente que está de su lado". Me pregunta dónde y cuándo sería la reunión. Le propongo llevarla a cabo en mi casa, y le digo que estoy convencido de que la podría convocar para dentro de dos o tres días, ya que todos están muy necesitados de reconectarse con él, y preocupados por su sufrimiento. Agrego que, como supongo que su tribu es bastante numerosa, voy a traer conmigo un asistente —una persona fuera de su red— para ayudarme en la coordinación del encuentro. Pete, en un acto de confianza, acepta la propuesta, promete concurrir a la reunión, y me informa que me dará una lista de sus invitados al día siguiente. Le pido permiso para hablar a su psiquiatra, y Pete me lo concede. Nos despedimos. Poco después llamo a su psiquiatra, quien está extremadamente alarmado por la situación de su paciente, a quien considera actualmente envuelto en un delirio paranoide con cierto grado de peligrosidad, y se siente aun más alarmado dada la negativa de Pete a tomar medicamentos psicotrópicos. El psiquiatra, a quien también invité a la reunión, decide no concurrir "para mantenerse viable como recurso para Pete en caso de que las cosas no salgan bien", argumento que encuentro razonable (si bien yo hubiera preferido que asistiera al encuentro). Nos despedimos cordialmente, y le prometo mantenerlo al tanto. Y hablo a Joy, a los padres y con el hermano de Pete, y a muchos amigos de una lista propuesta por Joy así como a la compañera actual de Pete. Todas las personas a quienes hablé para invitar a lo que describí como una reunión tribal de emergencia para tratar de hacer algo para reducir la tensión y el sufrimiento alrededor de Pete aceptan concurrir y expresan alivio de que se esté haciendo algo.

La reunión tiene lugar tres días después, en mi casa. En ella participan Pete, sus padres (que llegaron por avión esa misma mañana), su ex esposa, su amiga actual (una de las dos personas que constituían la lista provista por Pete), su hermano y su cuñada, la directora del jardín de infantes al que concurría el hijo de Joy y Pete, y una decena de amigos. A mi vez, yo invité a una colega que no pertenece a esa red para que me ayude en el proceso.

Pete llegó uno de los últimos, y se sentó sombríamente en un rincón, estableciendo un mínimo contacto con el resto. Su compañera se sentó junto a él y le tomó la mano. Abrí la reunión pidiendo a cada uno que se presente al grupo, ya que había personas que no se conocían entre sí. Definí la tarea de la manera mencionada más arriba: reducir la tensión y el sufrimiento alrededor de Pete, motivado por el compromiso emocional y de amistad que cada uno y todos tenían con él. La conversación fue lenta y trabajosa, ya que la tendencia razonable de los participantes era a dirigirse a Pete, y él rehusaba responder, y yo a mi vez, respondiendo a mi percepción de la fragilidad de Pete, intervenía para defender el acuerdo de que Pete había aceptado participar pero no necesariamente hablar. El tema central acabó siendo el que nadie quería perder la amistad de Pete, que todos lo veían sufrir y se sentían impotentes para ayudarlo, y que su estado de ira al punto de la explosión les asustaba. Al respecto Pete hizo uno de sus pocos comentarios: que él tenía razones para estar furioso porque sentía que todos lo engañaban, aun cuando entendía que lo hacían para su bien. A mi vez introduje mi comentario: "¿Y qué pasaría si todos están en lo *cierto y tú no?"*, y *Pete respondió: "¡Me sentiría como un idiota total!"*, a lo que acoté *"A lo mejor estás defendiendo tu punto de vista para no sentirte un idiota total"* y él contestó *"Eso sería ser un doble idiota"*, lo que generó uno de los pocos momentos de alivio a través de la risa en toda la reunión. Con todo, en el curso de la reunión surgió un cambio importante: Pete aceptó la oferta colectiva de mantenerse en contacto con él en ese período de tanto sufrimiento, aceptó la idea de que todos estaban muy preocupados por él y que su promesa de que no se iba a matar (la posibilidad de que él matara a alguien no fue discutida) no era suficiente como para reducir la preocupación colectiva, y que necesitaban cuidarlo. Esa aceptación fue negociada con las mismas reglas de la reunión, a saber, que debía ser entendido como un acuerdo de Pete de que aceptaba el contacto pero no necesariamente de que se iba a abrir emocionalmente con nadie. Pero, a partir de ella, los presentes organizaron turnos como para no dejar a Pete solo en ningún momento más allá del horario de actividades profesionales. Pete a su vez aceptó dejar de trabajar por una semana, que fue definida como de vacaciones (uno de los amigos era también un colega que propuso reemplazar a Pete por esa semana en la clínica). Pete aceptó también no ver a su hijo por un par de semanas, con el argumento de que su nivel actual de tensión podía serle nocivo.

La reunión duró unas 4 horas. Quedó explícita la posibilidad de convocar una segunda sesión colectiva si, a mi criterio, hacía falta. Al final del encuentro todos los participantes —y, por cierto, los coordinadores— acabamos agotados por el esfuerzo emocional. Merece notarse que al promediar la sesión hice un intervalo de media hora, con bebidas y bocadillos, que fue activamente usado por los participantes para conectarse entre sí, ya que, tal cual mencioné más arriba, no todos se conocían entre sí. También fue utilizado por el equipo de terapeutas —mi colaboradora y yo— para intercambiar observaciones, sugerencias y elogios (que mal no nos venían dada la intensidad de la reunión). Finalmente, observé *durante el intervalo a Pete siendo abrazado por sus padres y hermano, y él, a su vez, los dejaba hacer, receptivo si bien no muy activo, y manteniendo una cuidadosa distancia de Joy.*

No hubo más reuniones de red. Hablé varias veces con Joy, con uno de los amigos, con los padres y con el psiquiatra, quienes me mantuvieron al tanto del curso de los acontecimientos. También vi a Pete un par de veces en otros tantos meses en situaciones sociales, y hablé un par de veces por teléfono para poder percibir cómo evolucionaba la situación desde su punto de vista. El comentario general fue que el efecto fundamental de la reunión resultó ser uno de descompresión y reconexión: los amigos se turnaron para estar con Pete, quien aceptó su compañía a veces a regañadientes y a veces de buen talante. El tema de la ilegitimidad tanto propia como de su hijo fue progresivamente perdiendo dominancia en las conversaciones (resolución muy habitual de las ideas delirantes, que cuando evolucionan favorablemente tienden no a ser corregidas sino a disolverse o perder centralidad hasta desaparecer). Pete mantuvo su estilo taciturno pero comenzó a abrirse otra vez con algunos de sus amigos.

En resumen, el efecto inmediato de la reunión de red fue el esperado, a saber, una reconexión parcial de Pete con su red, acompañada de una puesta en duda de la construcción conspirativa que contribuyó a su aislamiento, y una descatectización progresiva de su convicción de no ser el padre de su hijo ni el hijo de su padre. Debe notarse también un proceso importante que tuvo lugar en esa reunión y que puede que haya contribuido a su efecto global positivo, a saber, el haber permitido conectar entre sí a miembros de la red de Pete que no se conocían previamente, es decir, el haber aumentado la densidad de esa red, cosa que, tal cual hemos comentado en el capítulo correspondiente, incrementa su potencial de reactividad y efectividad.

Esta historia tiene un final feliz y un epílogo trágico. Pete se reconectó poco a poco con sus padres y hermano así como con unos cuantos amigos, y su comportamiento inapropiado con

> *el hijo y potencialmente violento con su ex mujer desapareció rápidamente, luego de una semana "de vacaciones" de contacto con ellos, seguida de unas pocas semanas de visitas estructuradas en las que las salidas con el hijo incluían a su compañera. Las ideas idiosincráticas acerca de su progenie y su descendencia perdieron vitalidad y presencia hasta que dejaron de ser mencionadas. Pete continuó su terapia, su actividad profesional y su relación de pareja. Un par de años después, con todo, en la clínica comunitaria en la que Pete trabajaba, un paciente entró violentamente al consultorio de uno de los médicos de familia —uno que, de hecho, era un buen amigo de Pete y había participado en la reunión "tribal"— y, después de imprecarlo con acusaciones incoherentes y delirantes, desenfundó un revólver y le hizo un par de disparos, hiriéndolo en el hombro. Pete, oyendo la conmoción, salió de su propio consultorio y enfrentó al paciente, quien lo mató de un disparo a quemarropa en el corredor de la clínica para después escapar, y morir a su vez a las pocas horas en un enfrentamiento con la policía cuando ésta lo fue a detener a su vivienda.*
>
> *El funeral del Pete fue un acto conmovedor al que asistió mucha gente, con testimonios de dolor y de amor por parte de su familia y de sus muchos amigos y pacientes.*

Este es un ejemplo de intervención en red en su forma más tradicional: la convocatoria de un grupo numeroso y multisectorial para intentar resolver una situación de emergencia. Intervenciones de este tipo aparecen con frecuencia en los ejemplos aportados por la literatura sobre "terapia de red" (Speck y Attneave, 1973; Speck, 1987; Rueveni, 1979), con variaciones tales como distintas alternancias entre reuniones de equipo terapéutico, de subsistemas, y de red conjunta, estructuración temática mayor o menor de los fragmentos de las reuniones, técnicas de liderazgo más o menos pautadas, etcétera. En el curso de este ejemplo pueden notarse esbozos de buena parte de las estructuras identificadas por Speck y Attneave (*op. cit.*) como características de las intervenciones de red:

- *retribalización*, el proceso de reconexión que comienza desde el mismo momento de las primeras llamadas telefónicas;

- *polarización*, que suele aparecer como conflicto intergeneracional (esto fue notorio en la temática aportada por Pete más que en las discusiones de la sesión conjunta);

- *movilización* para la acción por parte de los miembros más centrales;

- *depresión*, acompañando las dificultades del proceso y las situaciones de *impasse*;

- *ruptura* de la *impasse*; y

- *esperanza* (cuando no euforia) —acompañando al alivio de la crisis inmediata— y

- *agotamiento*, ya que las reuniones colectivas de este tipo generan mucho desgaste emocional.

Expandiendo lo obvio, lo que me motivó a proponer esta reunión fue el supuesto de que muchas de las crisis que desencadenan comportamientos que acaban siendo rotulados como trastornos psiquiátricos tienen como punto de partida una disrupción de la red social. Un supuesto subyacente al anterior es que los seres humanos organizamos nuestros significados en el curso de nuestras actividades sociales, es decir, que nuestra organización de la realidad se genera, corrige, confirma o evoluciona en consenso o, como ha sido formulado a partir de Maturana (cfr., e.g., Maturana y Varela, 1980) y de Goolishian (cfr., e.g., Goolishian y Anderson, 1987), en conversación. La red social de esta pareja se vio muy conmovida, polarizada, o de una u otra manera alterada por la separación de la pareja, que previamente había sido muy unida, socialmente muy activa y central en múltiples redes intersectantes. El estilo de Pete de retraerse durante la crisis (un estilo que está socialmente favorecido en los varones) contribuyó progresivamente a aislarlo de su contexto/consenso social, y a escalar su alienación, la que adquirió dimensiones extremas en su creencia de que ni su hijo era biológicamente suyo ni él era hijo biológico de su padre.

Puede proponerse también que esta creencia de hecho expresa metafóricamente su experiencia extrema de aislamiento, que lo llevó a sentirse aislado y huérfano aun en la cadena genética intergeneracional. Con todo, el riesgo de poner el acento en este supuesto o nivel de análisis —del que podría derivar la recomendación de hacer explícita la metáfora y elaborar su contenido, por ejemplo, en sesiones individuales— es el de ignorar el potencial explosivo que derivaba de esa visión conspiratoria del mundo. El riesgo principal deriva de la posibilidad de que Pete se tiente a reducir la tensión extrema a través de una actuación (percibida por él como contraactuación) violenta en contra de sí mismo o contra los conspiradores. Por ello elegí operar con una lógica de crisis.

Podrá haberse notado así que, en la convocatoria de red, no privilegié ni la familia de origen ni la de adopción ni un sector sobre otro, sino que incluí el máximo número de miembros significativos de ambos: padres, hermano, ex mujer, compañera actual, amigos personales y amigos del lugar de trabajo. Sólo me aseguré de que fueran habitantes del primero (y algunos, tal vez, del segundo) círculo.

Finalmente, la descripción de la sesión de red que he ofrecido no proporciona detalles acerca de los movimientos específicos del equipo terapéutico. En términos globales, nuestra postura fue eminentemente pragmática: centrada no en interpretaciones sino en cuáles eran las preocupaciones y los sentimientos de los participantes y qué es lo que se podía hacer al respecto. El supuesto dominante fue el de la connotación positiva —es decir, el reconocimiento y la atribución de buenas intenciones en todos y cada uno de los participantes— y de respeto por los acuerdos previos, por ejemplo, el acuerdo con Pete que permitió su participación, o el supuesto de que esa reunión no tenía como objetivo reunificar a la pareja Peter-Joy (como había sido la fantasía inconfesada de algunos de los participantes, viejos amigos de la pareja).

6
La extinción progresiva de la galaxia: la red social en la vejez

Cuando analizamos la evolución de la red social de un individuo dado durante el último tercio o cuarto de su ciclo vital, podemos observar la coexistencia de tres factores con efectos acumulativos:

• la red social se contrae, es decir, el número de los vínculos existentes se reduce por muerte, migración o debilitamiento de los miembros;

• las oportunidades para renovar la red social así como la motivación para renovarla disminuyen progresivamente, y

• los procesos de mantenimiento de la red se hacen más gravosos a medida que la energía necesaria para mantener activos los vínculos disminuye y el sensorio reduce su acuidad (se requieren más esfuerzos para obtener menos resultados.)

En otras palabras, a medida que se envejece, la red social personal sufre más pérdidas a la vez que las oportunidades de reemplazo para esas pérdidas se reducen marcadamente: la gente del grupo de referencia de esa edad tiende a morir más frecuentemente, y a la vez los viejos tienen menos ocasiones sociales para hacerse de nuevos amigos, y menos viejos están accesibles o dispuestos al esfuerzo de acomodación que depara el iniciar nuevas relaciones. Además, los esfuerzos requeridos para mantener una conducta social activa son mayores en tanto la dificultad para movilizarse y para moverse es mayor y el sensorio reduce acuidad, cosa que disminuye las habilidades y, a la larga, el interés en expandir la red.

Por todo ello, la gente mayor se ve replegada cada vez más en las relaciones familiares, que acarrean consigo sus propias viejas historias de lealtades, de deudas y supuestos de retribución, de compromisos y celos, de pasiones recóndi-tas. A la vez, cuentan con menos amigos y compañeros, quienes en muchos casos operaban como neutralizadores o contrapeso de los supuestos determinados por las relaciones familiares.

Con la desaparición de vínculos con gente de la misma generación se desvanece buena parte de los anclajes de la historia personal. Muchos de los recuerdos de sucesos ("Te acordás de...") simplemente se desdibujan con la desaparición de gente que los compartió y con la que se puede hablar de ello. Este proceso es similar al efecto activador de recuerdos generados por una vieja fotografía: si no hubiéramos encontrado otra vez esa fotografía, nunca habríamos recordado esa anécdota, esa gente, experiencias, emociones, colores, olores... De hecho, la pérdida —por ejemplo, en un incendio— de álbumes de fotografía que guardábamos en un altillo, con independencia de cuán infrecuentemente los revisábamos, puede asestar un golpe devastador en las memorias latentes ancladas por esos testimonios, que a partir de ese momento sólo pueden ser activables gracias a un sueño feliz o a una conversación con un amigo o pariente con quienes hemos compartido los sucesos retenidos por las fotografías perdidas.

Parte de la experiencia de depresión que parece instalarse en muchos viejos de manera gravosa emana de la soledad y la consiguiente pérdida de roles, de recuerdos, de funciones y, en última instancia, de identidad que acompaña a la extinción progresiva de la red. Imagine el lector, por ejemplo, la experiencia "hot" descrita en el capítulo 2, multiplicada por diez, o por cien.

Para disipar toda duda acerca de la sensibilidad de la

gente mayor a las variables de red merece citarse una investigación efectuada en Durham, North Carolina, EE.UU. (Blazer, 1982), con un diseño similar a la investigación de Alameda County discutida en un capítulo anterior, pero centrada en una población de individuos de 65 años o más. Se estudió exhaustivamente una muestra de 331 personas, explorando información demográfica, de salud y de hábitos, e incluyendo tres parámetros para establecer el monto de apoyo social, a saber, número de roles que cumplen (padre, abuelo, hermano, amigo, maestro, etc.) y de relaciones íntimas que poseen; precepción de conexión social (es decir, en qué medida se sienten apoyados por la gente que los rodea); y frecuencia de las interacciones sociales. Se realizó un seguimiento de esta muestra durante 30 meses, luego de lo cual se analizó, como variable dependiente, mortandad. Controlando variables potencialmente intervinientes tales como edad, sexo, nivel socioeconómico, salud, tabaquismo, capacidad de autonomía, depresión, función cognitiva y eventos estresantes, los investigadores comprobaron que el riesgo relativo de mortandad (es decir, las probabilidades de morir) aumentaba a medida que se reducían los índices de las variables de red. Analizando de manera independiente cada una de las tres variables de red, se comprobó que las probabilidades de morir eran de 2,0 (es decir, el doble), 3,4 (es decir, más del triple) y 1,8 (es decir, casi el doble) respectivamente para los miembros de los subgrupos con roles y apego mínimo, con percepción de apoyo social como insuficiente, y con menor interacción social. Este efecto se potencia cuando coexisten índices bajos en más de una de esas variables.

"LA INVENCIÓN DE MOREL": UN EJEMPLO CLÍNICO

Exasperado por los ataques violentos al personal de la institución —gritos insultantes, golpes que arrojaban por los aires las bandejas de comida—, el médico internista director de un asilo de ancianos envió a uno de sus residentes, un caballero de unos 75 años con diagnóstico de Enfermedad de Altzheimer, al sector psiquiátrico de internación de nuestro hospital general con la esperanza de que podamos encontrar un "chaleco químico" que lo haga tolerable a la institución.

Su proceso demencial estaba bastante avanzado. El paciente tenía dificultades para alimentarse por sí mismo, tendía a ser incontinente, y tenía dramáticamente destruida la función de memoria de los hechos recientes. Con todo, era capaz de mantener conversaciones razonablemente coherentes en las que su pasado como profesor universitario aún mostraba sus huellas. Su adaptación a nuestro sector de internación no presentó problema alguno durante las primeras 24 horas. Con todo, no tardó mucho en tener uno de sus ataques de furia, y al poco rato un segundo. Nos reunimos con el personal del sector de internación para tratar de entender la ecología de esas reacciones violentas, en un esfuerzo para no definirlas como simple expresión idiosincrática de su demencia. Uno de los enfermeros del sector tuvo una idea brillante: habiendo observado que este paciente siempre saluda apropiadamente a todo el mundo —aun más, que es una fuente casi constante de saludos—, se planteó la posibilidad de que, dado que su memoria de hechos recientes se encuentra tan perturbada, tal vez no recuerde que ya intercambió saludos antes —tal vez, un par de minutos atrás—, y se ofende por sentir que es tratado irrespetuosamente, como un objeto y no como una persona porque "nadie lo saluda", aun cuando el personal, quien ya lo saludó varias veces, simplemente deja de lado ese formalismo que socialmente no requiere ser activado más que al comienzo y al final de una jornada de interacciones. Para poner a prueba esa hipótesis, pedimos a todo el personal, a través de un memorándum dirigido a los tres turnos del sector,

> *que cada vez que se crucen con el paciente lo saluden cordialmente. ¡Santo remedio! El buen hombre se comportó correctamente por el resto de la semana de hospitalización, durante la cual no recibió medicación adicional alguna por parte nuestra. Claro está que tuvimos que hacer un par de reuniones de apoyo para nuestro personal, exhausto de tanto saludar y ser saludado. Previo al alta de nuestra institución, invitamos a la jefa de enfermeras y a la trabajadora social del asilo de ancianos a una reunión y les transmitimos nuestro descubrimiento, sugiriendo que el personal de esa institución hiciera otro tanto, convencidos de que esto resolvería el problema. Y así ocurrió, de acuerdo con nuestra información de seguimiento (y dado que el asilo de ancianos tiene una proporción personal/paciente mucho más reducida que nuestro sector, el personal pudo llevar a cabo esta instrucción sin volverse loco con tantas gracias sociales).*
>
> *Este paciente tenía posibilidades cada vez más restringidas de reconocerse a sí mismo, y tenía que apoyarse cada vez más en el reconocimiento del self a través de los otros. Y a través de comportamientos que eran percibidos por él como una señal de falta de respeto, el mundo social —no importa cuán restringido— le estaba devolviendo una imagen de sí que le resultaba desconocida y/o intolerable. Sólo necesitaba que esa red de caras anónimas —y cada vez más caras se tornaban irreconocibles para él— le devolviera una imagen digna a través de un saludo cotidiano... repetido múltiples veces y perdido en cada oportunidad en los vericuetos de su demencia.*

Como comentaba más arriba, otra variable importante en el deterioro de la red reside en que la motivación de los ancianos para establecer nuevas relaciones es más reducida. Toda red posee cierta inercia y su movilización requiere de atención, cuidados y esfuerzo de mantenimiento por parte de sus miembros, es decir, demanda cierto gasto de energía. Este esfuerzo es aun mayor para con las relaciones que recién se inician, las que tienden a requerir en sus comienzos más señales de reciprocidad activa, más micromovimientos de toma-y-daca. Así, por ejemplo, dos nuevos amigos de escuela tomarán la iniciativa de hablarse por teléfono un día uno y al día siguiente el otro por un tiempo, hasta que se establezca una base de seguridad en la relación que permita a uno de ellos tomar la iniciativa varias veces seguidas sin desequilibrar su autoestima ni los acuerdos de la relación. Sin embargo, si este patrón asimétrico persiste, la falta de movimientos recíprocos acabará siendo considerada como señal de falta de interés del menos activo, tenderá a reducir los comportamientos de iniciación de contacto por parte del más activo, y a la larga, a extinguir la relación. Este no es el caso, por cierto, con relaciones de larga data, que suelen desarrollar deudas de lealtad y gratitud acumuladas a lo largo del tiempo (para una discusión detallada de los procesos de contabilización de esas deudas, cfr., Boszormenyi-Nagy y Spark, 1984). Así, por ejemplo, hay muchas familias en las que la gran mayoría de los contactos entre padres e hijos adultos son iniciados regularmente por los unos o por los otros, sin aparente efecto deletéreo... salvo cuando tiene lugar un período de sobrecarga o necesidad mayor por parte del más activo, que tenderá a resentir su actividad y a otorgar nuevos significados a la falta de iniciativa del otro.

La reducción dramática de la red social en la vejez realza —y a veces sobrecarga— el valor de las relaciones que quedan. La relación conyugal deviene aun más central, sostenida a veces por los cuidados mutuos, a veces por una intimidad expresada en largas conversaciones, a veces por los regaños cotidianos, y otras por la mera rutina de la actividad diaria (ya he mencionado en un capítulo anterior que, en la ancianidad, la relación conyugal suele ser definida como más central por los varones que por las mujeres, quienes a su vez suelen definir como esencial relaciones que han mantenido a través del tiempo con hermanas o amigas). A su vez, las relaciones entre progenitores ancianos e hijos adquieren nuevas y complejas dinámicas cuando aumenta la función de los hijos como cuidadores de los padres, lo que ocurre en la misma época en que las relaciones extrafamiliares se han reducido marcadamente. Con todo, este tema de las relaciones familiares en la vejez, independientemente de cuán extremadamente interesante sea, se aparta del foco de atención de este libro, centrado en la red social más amplia.

Merece recordarse como vínculos sociales nada deleznables a los animales domésticos. Es bien conocido el efecto a veces catastrófico que tiene para un anciano la muerte de un viejo perro o gato acompañante, así como el efecto especialmente estimulante que puede emanar de la adopción de un cachorro (¡la regla de muchos asilos para ancianos de no aceptar animales es, desde ese punto de vista, particularmente desatinada!). Y estos vínculos son a veces reemplazados incluso por objetos inanimados, los que acaban cumpliendo también una función de "anclaje".

"LAS MANCHAS EN LA PARED": UNA REMINISCENCIA PERSONAL

De acuerdo con el juicio de mis tías y tíos, la casa en la que habitaba mi abuelo, quien para entonces estaba promediando los 90, estaba necesitando desde hacía años de una buena capa de pintura fresca para renovar su apariencia interior, y deshacerse de las múltiples marcas descoloridas que indicaban que algunos cuadros o muebles habían sido mudados de lugar con el correr de los años. Con todo, y enfrentando la insistencia de todos, mi abuelo se rehusó a dar su aprobación al proyecto, con un argumento imbatible: para él, esas marcas no eran manchas, sino recuerdos; él podía identificar qué era lo que había estado en cuál lugar, evocar los diálogos con su compañera (mi abuela, muerta diez años atrás) que habían llevado a esas decisiones, e inclusive evocar acontecimientos relacionados con manchas de humedad y rajaduras. Para él, el repintar la casa tendría el efecto de robarle todos esos recuerdos. Ya podrían pintar la casa a gusto cuando él muriera, pero no antes, arguyó. Sus deseos fueron respetados, y cuando murió a los 99 años, lo hizo rodeado no sólo del cariño de su familia, sino de los recuerdos anclados en las manchas en la pared.

Para cimentar esta integración del modelo del ciclo de vida individual con una visión evolutiva de la red social, querría proponer un ejercicio que desafía un tanto a la imaginación. El punto de partida es un perfil evolutivo de la red social de un individuo. Más allá de los primeros meses de vida, en los que la red es virtual, el mapa evolutivo de cada individuo muestra un polo de *expansión* que comienza con aquel en el que se incorporan los nuevos vínculos, correspondiente a la primera época de la vida —hacen amigos en la escuela, la plaza, el club, la pandilla, novian, se casan, tienen hijos—, un área de *estabilidad*, y un polo de *retracción* o extinción, en el que las relaciones se van desactivando —familiares, compañeros y amigos enferman, migran, mueren o desaparecen por el simple efecto de la falta de energías o interés necesario como para mantener activos esos vínculos. Un diseño esquemático de la evolución del tamaño de la red social de un individuo se representa en la *figura 6*.

Mi intención es explorar ahora un diseño que represente la evolución conjunta de la red social de un grupo de individuos en su mínima expresión. Esta graficación, así como la de la figura anterior, debe ser entendida como tridimensional, y la compresión a dos dimensiones requeridas para una ilustración de libro requiere un esfuerzo adicional de imaginación por parte del lector. Nos limitaremos así arbitrariamente a dos individuos, una pareja, que a su vez tienen un vástago, dejando de lado tanto los miembros de la familia de origen de la pareja así como amigos, compañeros de trabajo y estudios, y todo otro contacto social, para no transformar este mapa en un diseño/mosaico tipo Escher.

Como podrá notarse, en cada momento dado —correspondiente al trazado de una línea vertical en el mapa— diferentes miembros de la red presentan *locus* evolutivos diferentes de otros miembros de la red, especialmente aquellos que pertenecen a otra generación. Por ejemplo, en el momento arbitrario *1*, los padres presentan una red estable o aun en expansión, en tanto que el hijo, un bebé de pocos meses, presenta una red mínima, si no virtual; en el momen-

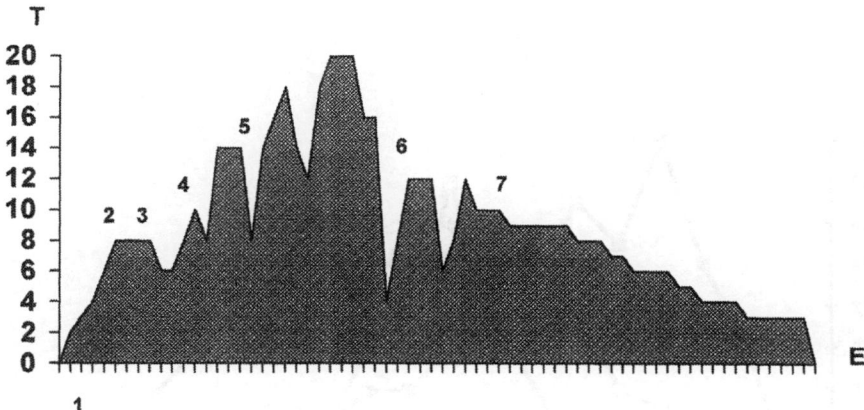

Figura 6. La red social: un mapa evolutivo

Evolución de la variable "tamaño" del primer círculo y áreas aledañas, en el curso de la vida de un sujeto dado. *(Esta curva, si bien posee cierto carácter normativo, varía llamativamente entre persona y persona, y entre variable y variable. Asimismo, no hay garantías de estabilidad en la pertenencia; por ejemplo, los padres, centrales en los primeros años, pueden simplemente dejar de ser considerados por el informante como pertenecientes al círculo central durante la adolescencia; los camaradas del jardín de infantes suelen desaparecer en pocos años, etc.)*

T: número de personas definidas o interactuadas como "íntimas" o "muy cercanas". E: Edad en años.

Eventos que merecen destacarse son: 1. Comienzo de la diferenciación entre "self" y los otros. Los progenitores —y, si los hay, los hermanos— son centrales. 2. Comienzo del jardín de infantes u otras expansiones de la vida social tales como las visitas a vecinos: los primeros amigos. 3. Comienzo de la escuela: expansión importante del grupo de íntimos. 4. Escuela secundaria: expansión de la red; los grupos de pares como esenciales. 5. Noviazgo y casamiento: un doble proceso de contracción de la red previa y expansión de la red combinada. 6. Crisis: divorcio, muerte de un cónyuge, migración. 7. Constricción progresiva de la red, hasta la muerte.

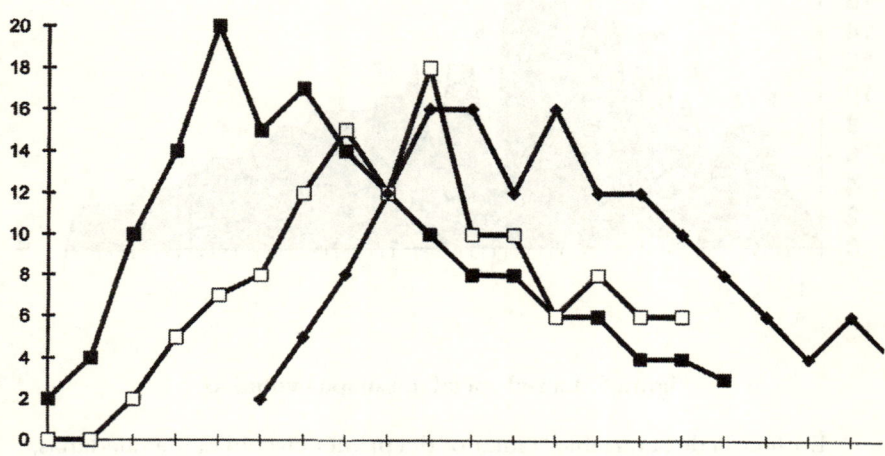

Figura 7. La evolución de la variable "tamaño de la red" informada por los miembros de una pareja con un hijo, evaluada a intervalos de 5 años

Merece destacarse que, coincidiendo con el casamiento (cuando el marido [ ] tenía 25 años y la mujer [ ] 20), la red de él aumentó de manera importante —tal vez a través de incorporar miembros de la red previa de ella— en tanto que la de ella no; lo contrario sucedió en esta familia con el nacimiento del hijo [ ]: la red de ella aumentó de tamaño considerablemente, en tanto que la de él no; y, finalmente, la red cercana del hijo está en su apogeo coincidiendo con la reducción del número de miembros de la red de los padres.

to *2* la red de la segunda generación se ha expandido considerablemente más allá de los padres, en tanto que la de los padres se ha cambiado poco de tamaño; en el momento *3*, la segunda generación ha expandido notablemente su red, en tanto la primera muestra una red contraída con mayor inclusión del miembro de la segunda generación; cosa aun más notoria en el momento *4*, en que B ya ha muerto. Imagínese este diseño si incluimos a los padres de A y B, y/o sus hermanos, los hermanos y hermanas de C, los amigos de unos o el otro, etcétera.

Empujando esta noción un poco más, una visión sistémica evolutiva de la familia y de la *red social significativa* que la rodea requiere concebir a la familia/red como un *sistema fluido* (de fronteras móviles o poco definidas) *en evolución constante*, es decir, como un sistema autoperpetuante al que los individuos se incorporan al nacer y al que abandonan al morir (o tal vez al morir las personas para quienes ellos han sido significativos). La red social personal es, a su vez, un recorte generado por la decisión de un observador de definir a una persona dada como foco de observación o informante. Esta decisión transforma el sistema fluido e indefinido en uno más formal y finito, con un polo de ingreso y expansión y otro de retracción o egreso. La acumulación en un mismo diseño de los mapas evolutivos de múltiples redes sociales personales permite notar áreas de superposición que corresponden a relaciones entre sí y en común, y áreas no superpuestas que indican relaciones independientes con otros individuos (cuyos mapas no aparecen en este diseño). El escueto mapa propuesto en la *figura 7*, en toda su pobreza, permite entrever la extrema complejidad y riqueza de la evolución de las relaciones interpersonales de red en el tiempo, sazonadas por la complejidad adicional de la concordancia y discordancia de los momentos evolutivos de los diferentes individuos que la integran.

Para finalizar, las pérdidas que acompañan a la retracción de la red social en la vejez tienden a ser minimizadas por nuestra cultura, por los trabajadores de la salud mental y por los pacientes mismos. El efecto de reconocer y revalorizar esas pérdidas es, con frecuencia, conmovedor y extremadamente terapéutico.

7
Red, familia y narrativas

La trayectoria de la historia de la terapia de red se superpone en buena medida a la de la terapia familiar. Aun más, las prácticas de red han sido llevadas a cabo en su gran mayoría por profesionales entrenados en terapia familiar, y el grueso de los artículos sobre el tema ha sido publicado en revistas o colecciones de terapia familiar (¡y este libro no es una excepción!)

Como la terapia familiar, los modelos de red nacieron y evolucionaron bajo la influencia de los modelos cibernéticos (y de modelos conceptualmente emparentados tales como la Teoría General de los Sistemas, la Teoría Matemática de la Información, la Teoría de la Comunicación y la Teoría de Juego). Y también evolucionaron, como lo hizo la terapia familiar en la dirección de la cibernética de segundo orden, hasta los modelos posmodernos construccionistas, es decir, las metodologías terapéuticas centradas en narrativas, gracias a la influencia de la cibernética de segundo orden, de base constructivista.

Por lo tanto, nos será necesario recapitular brevemente —en una esquematización rayana en la simplificación excesiva— la evolución de las ideas cibernéticas con el objeto de establecer la manera en que este decurso afectó la evolución de los modelos sistémicos de terapia familiar y de terapia de red. Así, en este capítulo discutiremos en primer lugar la evolución de las ideas cibernéticas y en segundo lugar la evolución de los modelos interpersonales —familiares y de red— que la acompañaron, para después centrarnos en los modelos narrativos y resaltar su interesante conexión conceptual con el paradigma de red.

Un poco de historia

La *Cibernética*, tal cual fue formulada por Norbert Wiener (Wiener, 1961) a fines de la década de 1940, se centró en los procesos de control de la información que permiten la regulación interna de los procesos de los organismos vivientes, las máquinas y las estructuras sociales. La pieza central de esta revolución epistemológica fue la noción de *retroalimentación negativa* (feedback negativo), que permite describir/explicar los procesos de neutralización o corrección de las desviaciones más allá del equilibrio, es decir, más allá de los parámetros cuya constancia relativa mantiene al sistema funcionando como tal y le permite lograr sus objetivos. El impacto de ese paradigma fue enorme, y tuvo repercusiones en todas las esferas científicas: tanto la Física atómica como las Ciencias Sociales y del comportamiento, la Economía, la Ecología, la Medicina, la Astronomía, etcétera, etcétera. Diez años después, el modelo fue enriquecido aun más por la reivindicación (a partir de Maruyama, 1963), de la *retroalimentación positiva*, es decir, los movimientos sistémicos que favorecen las desviaciones más allá de los parámetros o el equilibrio original, en dirección a la desestabilización. Para entender la evolución de los sistemas, se arguyó, es necesario tener en cuenta no sólo los procesos mediante los cuales un sistema mantiene su equilibrio, retorna a los parámetros básicos de su homeostasis, sino también aquellos que favorecen desequilibrios, tales como los requeridos para la adaptación a nuevas circunstancias y para el crecimiento, es decir, cambios cualitativos —que siempre están más allá de la frontera de los parámetros previos y requieren desviaciones de los procesos hasta llegar a un nuevo umbral, después del cual se establecen nuevos niveles de equilibrio (cfr., por ejemplo, Prigogine y Stengers, 1984). La noción de equilibrio fluctuante, la homeostasis dinámica —entre los procesos que favorecen *morfostasis* (retención de la forma) y los que favorecen *morfogénesis* (generación de formas)— completó el panorama descriptivo de ese nivel de análisis de la Cibernética, que fue más tarde llamada la "Cibernética de los sistemas observados" o *Cibernética de primer orden.*

Un nuevo desequilibrio y un nuevo salto evolutivo en el modelo cibernético fue introducido por la postulación (que la Física cuántica ya había elaborado) de que toda observación es una función de los puntos de referencia y aun de los valores del observador, y no sólo un atributo de lo observado. La observación afecta lo observado. El observador, con sus limitaciones, supuestos y prejuicios, organiza lo observado. Puede, así, argüirse que no existe una descripción objetiva de la realidad. Este argumento, por cierto, acaba por cuestionar qué es la realidad misma. El conocimiento del mundo, lejos de ser una representación de la realidad externa, existe en los acuerdos descriptivos acerca de la realidad. ¿Y dónde tiene lugar esta descripción? En el ámbito de la conversación, en los acuerdos acerca de cómo son las cosas, en el consenso (piénsese cómo es que una persona —niño o adulto— aprehende el mundo; lo hace a través de una combinación de interacción con el entorno y de conversación, a través de una combinación de experimentación o exploración —conceptual o pragmática— y de diálogo con otros, que validan o invalidan, reconocen o desconocen, contextualizan o desnudan, nombran o re-rotulan lo descubierto). Esta nueva realización sacudió la esencia misma de la Cibernética, que hasta entonces no se había observado a sí misma, no había contemplado un análisis cibernético de la relación observador-observado. Los nuevos desarrollos pasaron a ser llamados "Cibernética de los sistemas observantes", o *Cibernética de segundo orden* (el lector interesado en el tema podrá deleitarse con Von Foerster, 1991 y con los comentarios penetrantes de Marcelo Pakman, compilador de ese volumen). Esta evolución de los modelos cibernéticos se acompañó de (afectó y se vio afectada por) una evolución de los modelos de terapia sistémica.

Utilizando este modelo como semilla, la terapia familiar y los albores de la terapia de red nacieron y prosperaron en el caldero de los programas novedosos de la psiquiatría comunitaria de posguerra, en la década de 1950, y su énfasis en las relaciones del individuo con su entorno social (lo "social" resultaba probablemente demasiado abstracto e inasible, por lo que el foco en el medio social más influyente e inmediato, la familia, permitió desarrollar una práctica que mantenía de manera substantiva la visión ecológica, (cfr. Auerswald, 1968). El lenguaje y la óptica de los modelos cibernéticos/sistémicos se transformaron en el *imprimatur* de las terapias familiares y de red.

Esta influencia germinal de la Cibernética presentó variaciones conceptuales y estilísticas en su traducción a la práctica clínica. Una fue claramente influida por las Teorías de la Información y de la Comunicación —tanto la obra de Shannon y Weaver (1949) como los aportes tempranos de Bateson (por ejemplo, Ruesch y Bateson, 1951)— en una versión aderezada por las terapias en boga en los años 50, tales como la terapia de guestalt y de encuentro. Su énfasis se centró en "cómo ayudar a la gente a comunicarse mejor", es decir, cómo conectarse emocionalmente con expresividad positiva, partiendo del supuesto para entonces totalmente original de que *los problemas de comunicación entre las personas constituyen el problema.* El ejemplo más preclaro lo constituyeron las llamadas terapias de comunicación (cfr., e.g., Virginia Satir, 1964).

Quienes operaban con una visión cibernética más ortodoxa, observaron los procesos interactivos sin otros supuestos más allá de los provistos por esa lente y centraron su actividad clínica en el desarrollo de estrategias para modificar las pautas interactivas que perpetuaban el problema, guiados por el supuesto de que *los problemas son comportamientos que forman parte de secuencias de procesos interpersonales que contribuyen a mantenerlos.* De ellas derivaron las terapias de tipo interaccional y estratégico (cfr., e.g., Jackson et al. 1959; Haley, 1966; 1984; 1987; Madanes, 1981, 1984; Watzlawick,

Beavin y Jackson, 1967). Una variación sobre el mismo tema correspondió al supuesto de que *la manera en que la gente trata de resolver el problema constituye el problema*, lo que condujo a centrar el esfuerzo terapéutico en sugerir soluciones distintas, aun contraintuitivas, de los problemas, partiendo del supuesto de que la gente ha tratado infructuosamente de resolver los problemas por los que consulta, pero que no tienen manera de generar por sí misma puntos de vista alternativos que les permitan zafarse del círculo vicioso de hacer "más de lo mismo". Buena parte de las terapias breves tienen ese origen (cfr., e.g., Watzlawick, Weakland y Fisch, 1974; Fisch, Weakland y Segal, 1982; De Shazer, 1985).

Un énfasis alternativo de la época temprana, influido tanto por la Cibernética como por elementos de la antropología estructural de Claude Lévi-Strauss y por prácticas centradas en familias de sectores marginales, desarrolló el supuesto de que *los problemas estructurales* (de fronteras entre subsistemas, de equilibrio organizacional) *de la familia y del entorno social significativo constituyen el problema*. Como consecuencia de la formulación, este enfoque desarrolló metodologías para formalizar las relaciones entre subsistemas a través del trazado de mapas estructurales de las relaciones interpersonales, que a su vez devinieron en el punto de partida para desarrollar estrategias poderosas y de enorme influencia en el campo destinadas a modificar las relaciones familiares y extrafamiliares de poder y responsabilidad asociadas a muchos conflictos y síntomas (cfr., e.g., Minuchin 1974; Minuchin y Fishman 1981). Esta metodología fue incorporada a la óptica de los trabajos de red, en términos de trazados de mapas así como de descripción de problemas y estrategias de cambio.

Pasos subsiguientes, así como caminos alternativos en la evolución de los modelos subyacentes a las terapias sistémicas, pusieron el acento en la generación de hipótesis acerca de procesos intergeneracionales explicativos y justificativos de los problemas actuales, es decir, el supuesto de *que el problema motivo de consulta es una solución a otros problemas, generalmente intergeneracionales,* lo que se acompañaba de la recomendación de intervenciones de cambio (cfr., e.g., Bowen, 1972) o de NO cambio (cfr., e.g., Selvini-Palazzoli et al., 1978). Subyacía a esta última estrategia el supuesto de que la recomendación de cambio es redundante, ya que la gente que consulta lo hace porque ha tratado sin éxito de cambiar, y esa redundancia genera estabilidad, en tanto que la recomendación de no cambio posee un efecto paradojal desestabilizante.

Los efectos de esta evolución

Tal cual describí más arriba, así como el salto cualitativo que permitió el desarrollo de la *Cibernética de primer orden* fue provisto por la noción de recursividad o retroalimentación que dio luz a la noción de circularidad del sistema, el salto generado por la *Cibernética de segundo orden* fue facilitado por la realización de que la relación entre el observador y lo observado es también circularmente sistémica, y por lo tanto no existe un sistema "allá afuera" del que el observador es testigo imparcial, privilegiado, excluido de los procesos sistémicos; desapareció así la capacidad del observador —por ejemplo, el terapeuta— de ser "neutral" y objetivo, y de afectar al sistema como un *deus ex maquina.*

No es de sorprender que una primera tentativa de lidiar con esta nueva metavisión fuese a través de centrar la atención en los comportamientos del terapeuta en el curso del proceso terapéutico. Así, tanto en la literatura como en la práctica de ese período intermedio, en los años 80, se puede notar un cambio. Se redujo el interés en explorar (y publicar) cuáles son las características de la familia y aun de redes más amplias que consultan —en términos comunicacionales, interaccionales, estructurales o intergeneracionales— y cuáles son las estrategias para generar cambio. En su reemplazo, se desarrolló un interés creciente en la indagación acerca de qué es lo que hace el terapeuta en el curso de la sesión, qué actitudes o comportamientos u operaciones son llevados a cabo por el terapeuta para generar cambios en sus propias percepciones así como en los procesos y contenidos de la familia (cfr. la influencia de Selvini-Palazzoli, Boscolo, Cecchin, y Prata 1980, Cecchin 1987, Andersen 1991).

Con todo, este nuevo salto epistemológico sólo se afincó firmemente cuando se legitimó una nueva dimensión conceptual y se adoptó un nuevo nivel de análisis de los procesos sistémicos, a saber, la noción de *narrativa*: el campo de las historias en común, compartidas por las familias (de hecho, ser parte de una familia implica necesariamente compartir historias, descripciones, valores, anécdotas), por los grupos sociales (desde las ideologías compartidas por un grupo religioso hasta las mitologías compartidas por una cultura) y, muy relevante para nuestro tema, progresivamente compartidas por terapeutas y pacientes en el curso de la consulta. Con la incorporación de este nivel de análisis, las terapias sistémicas expandieron su base conceptual al inscribirse dentro del *construccionismo social* (Watzlawick 1984, Gergen 1985; Sluzki, 1985b; Goolishian y Anderson, 1987, Hoffman, 1985, 1988, 1990, McNamee y Gergen 1992), que define a la realidad como acuerdos narrativos co-organizados en conversaciones. La realidad que vive cada persona se basa así en acuerdos, en consenso. El supuesto conceptual de este modelo es que *el problema reside en la **descripción** del problema*, y que, consecuentemente, el cambio consiste en describir (hablar acerca de) los problemas de manera diferente, generando diferentes acuerdos y diferentes consecuencias. El foco de atención ya no es el individuo, o la familia, o la red como tal, sino las historias alojadas en el espacio virtual de la conversación entre personas, es decir, la narrativa, esa historia que se despliega, en el caso de las terapias, como respuesta a la pregunta "¿Qué los trae por aquí?" o "¿A qué atribuyen este problema?"

La narrativa como sistema

Una *narrativa* es un sistema constituido por *actores* o personajes, *guión* (incluyendo conversaciones y acciones) y *contextos* (incluyendo escenarios donde transcurre la acción y acciones, historias y contextos previos), ligados entre sí por la *trama narrativa*, es decir, por un conjunto de conectores lógicos explícitos o implícitos que establece la relación entre actores, guión y contexto de modo tal que todo cambio en los actores cambia el guión (y viceversa), todo cambio en el contexto cambia la naturaleza del guión y los actores (y viceversa), etcétera. A su vez, este conjunto actores-guión-contexto y trama posee *corolarios morales* (propone víctimas y victimarios, héroes y villanos, nobles y bastardos), *corolarios interpersonales* (con quién la gente se conecta, cómo y por qué) y *corolarios comportamentales* (la gente basa su conducta en esas historias, que operan como guía así como contexto de justificación). Estos corolarios, a su vez reconstituyen —reconfirman, solidifican— la historia, y forman, por lo tanto, parte del sistema "narrativa".

Con todo, resulta legítimo preguntarse: ¿Hasta qué punto esta historia es idiosincrática para esta familia o esa red social, o es parte de una metahistoria que forma parte de la identidad transgeneracional de esta familia o esa red, de la identidad social de la misma (por ejemplo, de ser parte de una minoría), de la identidad cultural?

Al mismo tiempo, resulta también razonable preguntarse: ¿Quiénes son los depositarios de esta historia? ¿Quiénes contribuyen a mantenerla? ¿Quién forma parte del conjunto que habla DE ESA MANERA acerca del problema? ¿Quiénes constituyen "el sistema que mantiene el problema" (y que, recursivamente, pasa a ser definido como el "sistema mantenido por el problema")? Dicho en otras palabras, la red que concuerda con una descripción de un problema dado —por ejemplo, los padres, la maestra y la directora de la escuela, que definen el comportamiento hiperactivo de un niño como rebelde o tonto, o el grupo de amigos, que define como cobarde el comportamiento de un joven que evita el uso de drogas— no sólo mantiene una descripción consensual de qué constituye el problema y cuáles son sus posibles soluciones, sino que esta conversación consolida el sistema y lo mantiene funcionando como tal.

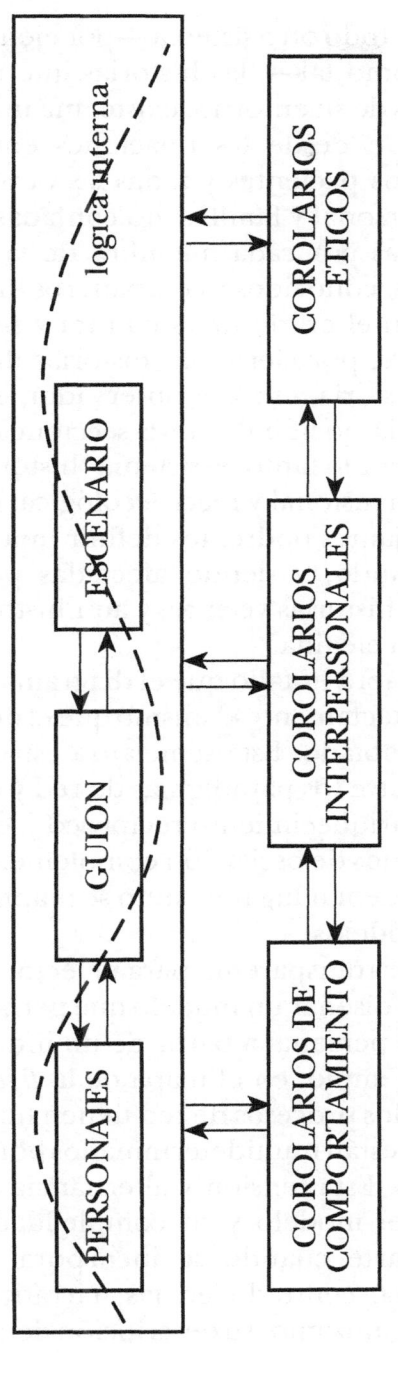

Figura 8. El sistema "narrativa" (la historia aislada como sistema)

Como con todo otro sistema —por ejemplo, una familia considerada como tal—, las historias que trae la gente no operan aisladas de su entorno: existe una inmensa *ecología de historias* que van desde las relaciones entre las historias contadas por los pacientes y todas las otras historias de la experiencia personal y familiar no contadas, hasta las historias compartidas por cada miembro de la familia con sus propios amigos, conocidos y compañeros, hasta las historias que constituyen el erario de la cultura y subcultura de esa gente. E incluye, por cierto, las historias dominantes en la experiencia, historia, etc. del observador, en este caso, del terapeuta (cfr. la noción de "intersecciones" propuesta por Elkaim 1985). Por lo tanto, el sistema "historia" requiere una visión multidimensional y macroecológica: en cada nivel de análisis que elijamos podremos definir una constelación de historias afectando, y siendo afectadas por, subhistorias, suprahistorias, historias vecinas, y aun historias sin relación aparente con la elegida.

El lector habrá notado que el diagrama de la *figura 9* es, en su diseño, exactamente el mismo que el de la *figura 1*. Sólo su texto ha cambiado. Esta semejanza estructural ilustra el isomorfismo entre los paradigmas de red y de narrativas, su potencial de enriquecimiento recíproco y, en última instancia, los fenómenos de oscilación complementaria entre figura y fondo que tienen lugar cuando se mantiene en foco a la vez a ambos modelos.

Debe ya ser transparente para el lector la tensión entre la necesidad de diseñar un modelo que permita la definición de la red social personal a partir de un individuo —tal cual aparece, por ejemplo, en el mapa de la *figura 2*— y la convicción de que los procesos de red tienen lugar en el espacio interpersonal y están multideterminados por procesos macro y microsociales. Esta tensión y alternancia entre los logros pragmáticos del modelo y su complejidad conceptual se resuelve en parte cuando se incorpora el metamodelo construccionista, centrado en las narrativas: a través del informante, organizamos su descripción de su red, lo que nos

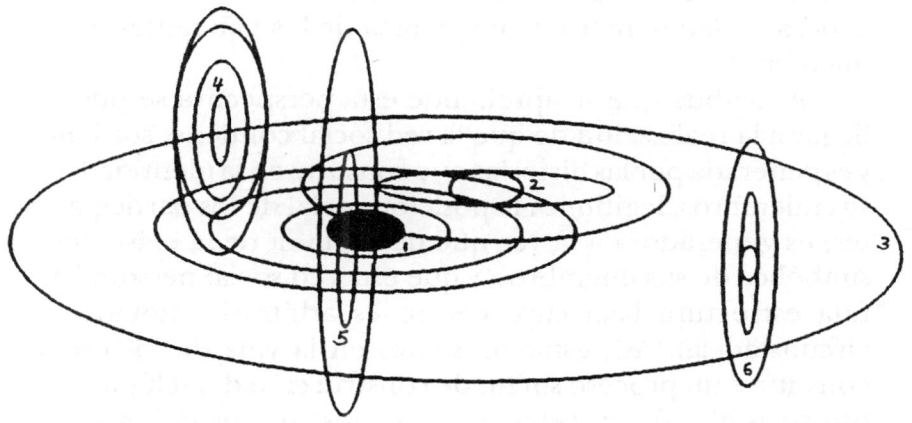

Figura 9. Sistema de narrativas

1. La historia (por ejemplo, la respuesta a la pregunta: "¿Cuál es el motivo de esta consulta?") y sus reverberaciones en historias asociadas.

2. Una de las muchas historias que se activan y confirman, corroboran o condicen con algunas de las reverberaciones de 1, y sus reverberaciones en historias asociadas.

3. Una de las muchas macrohistorias inclusivas que armonizan con 1 y la alimentan, sostenidas por el folklore, la cultura, los mitos colectivos, etcétera.

4. Una de las muchas historias (y sus reverberaciones) que se activan y resultan disonantes con algunas de las reverberaciones de 1, en tanto se apoyan en otras premisas.

5. Una de las muchas historias (y sus reverberaciones) que "capturan" y recontextualizan la minihistoria 1 sobre la base de parámetros o premisas diferentes.

6. Una de las muchas historias (y sus reverberaciones) con parámetros y premisas diferentes que resultan irrelevantes a los efectos de recontextualizar la historia 1.

permite pesquisar cuáles son los sistemas pertinentes más obvios y accesibles. Y en el curso de todo este proceso (re)constructivo debemos mantener en todo momento una visión "macro" que incluya las variables históricas, culturales, socioeconómicas y políticas, que contextualizan y afectan la cotidianeidad temática y pragmática de los habitantes de la microrred.

A medida que se aprehende esta perspectiva se puede llegar a la realización de que la red social contiene, sostiene y es generada por las historias que constituyen la identidad de sus miembros, legitimiza la posición social de los participantes, es generadora a la vez que depositaria de la existencia simbólica de sus miembros, y que esta red social personal es una estructura laxa cuyo centro es arbitrario, flotante y circunstancial. Así, estar presentes en la vida de los otros constituye un proceso sin fin de construcción del self y de los otros-en-relación, de retención y reconstrucción del pasado, el presente y el futuro individual y colectivo de sus miembros, tejiéndose a sí misma hasta constituir el cuerpo de nuestro mundo social. Reaparece así, con todo su poder sugestivo e intrigante de koan, la metáfora aquella del barco que está siendo constantemente (re)construido mientras navega interminablemente en alta mar.

Referencias bibliográficas

Ahrons, C. R. (1994): *The Good Divorce: Keeping the Family Together When Your Marriage Comes Apart.* Nueva York, Harper Collins.

———— y R. H. Rodgers (1989): *Divorced Families: Meeting the Challenge of Divorce and Remarriage.* Nueva York, W. W. Norton.

Andersen, T. (1991): *The Reflecting Team: Dialogues and Dialogues about the Dialogues.* Nueva York, W. W. Norton [*El Equipo reflexivo.* Barcelona, Gedisa, 1994.]

Anderson, R. E. e I. Carter (1990): *Human Behavior in the Social Envirnoment: A Social Systems Approach.* Nueva York, Aldine de Gruyter. [*La conducta humana en el medio social.* Barcelona, Gedisa, 1994.]

Auerswald, Edgar E. (1968): "Interdisciplinary versus ecological approach". *Family Process,* 7(2):202-215.

Baars, H. M. J., J. T. F. Uffing y G. F. H. M. Dekkers (1990): *Sociale Netwerk-strategieen in de sociale psychiatrie.* Amberes, Bohn Stafleu Van Loghum.

Barnes, J. A. (1954): "Class and committees in a Norwegian island parish". *Human Relations,* 7(1):39-58.

———— (1972). *Social Networks.* Readings, Mass., Addison-Wesley.

Bateson, G., D. J. Jackson, J. Haley y J. H. Weakland (1956):

"Toward a theory of schizophrenia". *Behavioral Science*, 1(4): 251-264. [Carlos E. Sluzki (comp.): *Interacción familar: aportes fundamentales sobre teoría y técnica*. Buenos Aires, Editorial Tiempo Contemporáneo,1971. También en G. Bateson: *Pasos hacia una ecología de la mente*.]

Berkman, L. F. (1984): "Assessing the physical health effects of social networks and social support". *Annual Review of Public Health*, 5:413-32.

——— y L. Syme (1979): "Social networks, host resistance, and mortality: A nine-year follow-up study of Alameda County residents". *American Journal of Epidemiology*, 109(2):186-204.

Blazer, D. (1982): "Social support and mortality in an elderly community population". *American Journal of Epidemiology*, 115:684-94.

Boszormenyi-Nagy, I. y G. Spark (1984): *Invisible Loyalties*. Nueva York, Brunner-Mazel.

Bott, E. (1957): *Family and Social Networks: Roles, Norms, and External Relationships in Ordinary Urban Families*. Londres, Tavistock Publications.

Bowen, M. (1972): On the differentiation of self in one's own family. En J. Framo (comp.): *Family Interaction: A Dialogue between Family Researchers and Family Therapists*. Nueva York, Springer. [También en M. Bowen (comp.) (1978): *Family Therapy in Clinical Practice*. Nueva York, Aronson.]

Bronfenbrenner, U. (1979): *The Ecology of Human Development*. Cambridge, Mass, Harvard University Press.

Cecchin, G. (1987): "Hypothesizing-circularity-neutrality revisited: An invitation to curiosity". *Family Process*, 26(4): 405-413.

Dabas, E. N.: *Red de redes: las prácticas de la intervención en redes sociales*. Buenos Aires, Paidós, 1993.

De Shazer, S. (1985): *Keys to solutions in Brief Therapy*. Nueva York, W. W. Norton. [*Claves en psicoterapia breve*. Barcelona, Gedisa, 1992.]

Dozier, M, M. Harris, H. Bergman (1987): "Social network density and rehospitalization among young adult patients". *Hospital & Community Psychiatry*, 38(1):61-65.

Durkheim, E. (1897): *Suicide*. Nueva York, Free Press, 1951. [*El suicidio*. Torrejón, Akal, 1976.]

Elkaim, M. (1985): "From general laws to singularities". *Family Process*, 24(2):151-164.

——— (comp.) (1987): *Les Pratiques de Reseau. Santé Mentale et contexte social*. París, ESF. [*La práctica de la terapia de red*. Barcelona, Gedisa, 1989.]

Fine, P. (1993): *A Developmental Network Approach to Therapeutic Foster Care*. Washington, D. C., Child Welfare League of America.

Fisch, R., J. H. Weakland y L. Segal (1982): *The Tactics of Change: Doing Therapy Briefly*. San Francisco, Jossey-Bass. [*La táctica del cambio*. Barcelona, Herder, 1986.]

Gergen K. J. (1985): *The social constructionist movement in modern psychology*. American Psychologist, 40:266-275.

Gold, J. E. (comp.) (1988): *Divorce as a Developmental Process*. Washington D. C., American Psychiatric Press.

Goolishian H. y Anderson, H (1981): "Including non-blood related persons in family therapy". En A. S. Gurman (comp.): *Questions and Answers in the Practice of Family Therapy*. Nueva York, Brunner/Mazel.

——— (1987): "Language systems and therapy: an evolving idea". *Psychotherapy*, 24:529-38.

Gore, S. (1978): "The effects of social support in moderating the health consequences of unemployement". *Journal of Health and Social Behavior,* 19, 157-165.

Haley, J. (1966): *Strategies in Psychotherapy.* Nueva York, Grune & Stratton. [*Estrategias en psicoterapia,* Barcelona, Toray, 1966.]

—— (1984): *Ordeal Therapy.* San Francisco, Jossey-Bass. [*Terapia no convencional.* Buenos Aires, Amorrortu, 1980.]

—— (1987): *Problem-Solving Therapy.* San Francisco, Jossey-Bass. [*Terapia para resolver problemas.* Buenos Aires, Amorrortu, 1980.]

Harlow, H. F. (1974): *Learning to Love.* Nueva York, Aronson.

Hoffman, L. (1985): "Beyond power and control: toward a 'second order' family systems therapy". *Family Systems Medicine,* 3:381-96.

—— (1989): "A constructivist position for family therapy". *Irish Journal of Family Therapy,* 9:110-29

—— (1990): "Constructing realities: An art of lenses". *Family Process,* 19(1):1-12,1990.

Holmes, T. H. (1956): Capítulo en P. J. Soarer (comp.): *Personality, Stress and Tuberculosis.* Nueva York: International Universities Press.

House, J., Robbins, C. y Metzner, H. (1982): "The association of social relations with mortality: Prospective evidence from the Tecumseh Community Health Study". *American Journal of Epidemiology,* 116:123-40.

Imber-Black, E. (1988): *Families and Larger Systems. A Family Therapist's Guide through the Labyrinth.* Nueva York, Guilford Press.

Isaacs, M. B., B. Montalvo y D. Abelsohn (1986): *The Difficult*

Divorce: Therapy for Children and Families. Nueva York, Basic Books.

Jackson, D. D. (1959): "Family interaction, family homeostasis, and some implications for conjoint family psychotherapy". En J. H. Masserman (comp.): *Individual and familial dynamics.* Nueva York, Grune & Stratton. [En C. E. Sluzki (comp.): *Interacción familiar: aportes fundamentales sobre teoría y técnica.* Buenos Aires, Tiempo Contemporáneo, 1971.]

Klefbeck, J., Bergerhed, E., Forsberg, G., Hultkrantz-Jeppsson, A. y Marklund, K. (1986): *Network Work with Multi-Problem Families in Crisis: Research Project in Botkyrka, Sweden.* Tumba, Sverige, Botyrka Socialforvaltning.

Laing, R. D., Phillipson, H. y Lee, A. R. (1966): *Interpersonal Perception.* Londres, Tavistock Publications. [*Percepción interpersonal.* Buenos Aires, Amorrortu, 1973.]

Lewin, K. (1952): *Field Theory in Social Science.* (Dorwin Cartwright, comp.). Londres, Tavistock Publications.

Lindemann, E. (1979): *Beyond Grief: Studies in Crisis Intervention.* Nueva York, Jason Aronson.

Madanes, C. (1981): *Strategic Family Therapy.* San Francisco, Jossey-Bass.

——— (1984): *Behind the One-Way Mirror: Advances in the Practice of Stategic Therapy.* San Francisco, Jossey-Bass.

Maruyama, M. (1963): The Second Cybernetics: Deviation-Amplifying Mutual Causal Processes. *American Scientist,* 51:164-79.

Maturana H. y F. Varela (1980): *Autopoiesis and Cognition.* Dordrecht, Holanda, D. Riel.

McNamee, S. y K. J. Gergen (comp.) (1992): *Therapy as Social Construction.* Londres, Sage.

Medalie, J., Groen, J. J. et al. (1973): "Angina pectoris among 10,000 men: 5-year incidence and univariate analysis." *American Journal of Medicine*, 55:583-94.

Minuchin, S. (1974): *Families and Family Therapy*. Cambridge, Harvard University Press. [*Familias y terapia familiar*. Barcelona, Gedisa, 1979.]

——— y H. C. Fishman (1981): *Family Therapy Techniques*. Cambridge, Harvard University Press. [*Técnicas de terapia familiar*. Barcelona, Paidós, 1984.]

———, B. Montalvo, G. G. Guerney, Jr. B. L. Rosman y F. Schumer (1967): *Families of the Slum: An Exploration of Their Structure and Treatment*. Nueva York, Basic Books. [*Calidoscopio familiar: imágenes de violencia y curación*. Barcelona, Paidós Ibérica, 1991.]

——— (1985): "Evaluating Social Resources in Community and Health Care Contexts". Capítulo en P. Karoly (comp.): *Measurement Strategies in Health Psychology*. Nueva York, Wiley.

Moreno, J. L. (1951): *Sociometry, Experimental Method and the Science of Society*. Nueva York, Beacon House.

Orth-Gomer, K., A. Rosengren y L. Wilhelmsen (1993): "Lack of support and incidence of coronary heart disease in middle-aged Swedish men". *Psychosomatic Medicine*, 55, pp. 37-43.

Pattison, E. M. et al. (1975): "A psychosocial kinship model for family therapy". *American Journal of Psychotherapy*. 132: 1246-51.

Pilsuk, M. y Hiller Parks, S. (1986): *The Healing Web: Social Networks and Human Survival*. Hanover, NH, University of New England Press.

Prigogine, I. e I. Stengers (1984): *Order Out of Chaos: Man's New Dialogue with Nature*. Nueva York, Bantam (Basado en el libro de los mismos autores: *La Nouvelle Alliance*. [*La nueva alianza*. Madrid, Alianza, 1983.]).

Reed, D., Mc. Gee, D., Yano, K. y Feinleib, M. (1983): "Social networks and coronary heart disease among Japanese men in Hawaii". *American Journal of Epidemiology*, 117:384-96.

Ruesch, J. y G. Bateson (1951): *Communication: The Social Matrix of Psychiatry*. Nueva York, W. W. Norton. [*Comunicación: la matriz social de la psiquiatría*. Buenos Aires, Paidós, 1965.]

Rueveni, U. (1979): *Networking Families in Crisis*. Nueva York, Human Science Press.

Satir, V. (1964): *Conjoint Family Therapy*. Palo Alto, Science and Behavior Books.

Schoenbach, V., B. H. Kaplan, L. Friedman y D. Kleinbach (1986): "Social ties and mortality in Evans County, Georgia". *American Journal of Epidemiology*, 123, pp. 577-591.

Schwartzman, J. (comp.) (1985): *Families and Other Systems: The Macrosystemic Context of Family Therapy*. Nueva York, Guilford.

Seligman, M. E. R. (1975): *Helplessness: On Depression, Development and Death*. San Francisco, Freeman.

Selvini-Palazzoli, M., L. Boscolo, G. Cecchin y G. Prata (1978): *Paradox and Counterparadox: A New Model for the Family in Schizophrenic Transaction*. Nueva York: Jason Aronson. [*Paradoja y contraparadoja: un nuevo modelo para la familia en la transacción esquizofrénica*. Barcelona, Paidós Ibérica, 1991.]

——— (1980): "Hypothesizing-circularity-neutrality: Three guidelines for the conductor of the session". *Family Process*, 19(1):3-12.

Singer, M. T. (1995): *Cults in our Midst: The Hidden Menace in our Everyday Lives*. San Francisco, Jossey-Bass.

Sluzki, C. E. (1979): "Migration and family conflict". *Family Process*, 18(1):379. [*Terapia Familiar*, 4, 1981.]

―――― (1985): "Families, networks and other strange shapes". *AFTA Newsletter*, 19,1985. [*Sistemas familiares*, 2(1): 61-4.]

―――― (1985b): "Terapia familiar como construcción de realidades alternativas". *Sistemas Familiares* 1(1):53-59.

―――― (1990): "Network disruption and network reconstruction in the process of migration/relocation". *The Bulletin* 2(3). Una versión ampliada apareció en *Family Systems Medicine* 10(4):359-64, 1992. ["Perturbación y reconstrucción de la red social en el proceso de migración/relocación". *Sistemas familiares* (Argentina), 6(2), pp. 67-72, 1990.]

―――― (1994): "Red familiar y enfoque familiar sistémico". *Familia* (España), 9, pp. 7-20.

―――― y E. Verón (1967): "Transactional disqualifications: research on the double bind". *Archives of General Psychiatry*, 16:494-504. [*Acta psiquiátrica y psicológica de América Latina*, 1966, 12:329-342.]

Shannon, C. E. y W. Weaver (1949): *The Mathematical Theory of Communication*. Urbana, University of Illinois Press.

Speck, R. (1987): La intervención de red social: Las terapias de red, teoría y desarrollo. Capítulo en Elkaim, 1987, *op. cit.*

―――― y Attneave, C. (1973): *Family Networks*. Nueva York, Vintage.

Spiegel, D., H. C. Kramer, J. R. Bloom y E. Gotheil (1989): Effects of psychosocial treatment on survival of patients with metastatic breast cancer. *The Lancet*, 189(2):888-891.

Steinmetz, S. K. (1988): *Family and Support Systems Across de Life Span*. Nueva York, Plenum.

Tibblin, Welmet y col. (1986) Capítulo en S. O. Isacsson y J. Janzon (comps.): *Social Support: Health and Disease*. Estocolmo, Almqvist & Ewiksell. Pp.11-19

Tillman, W. y G. Hobbes (1949): "The accident-prone automobile driver: A study of psychiatric and social background". *American Journal of Psychiatry*, 106, pp. 321-30.

Von Foerster, H. (1991): *Las semillas de la cibernética: Obras escogidas* (Compilación y comentarios por M. Pakman). Barcelona, Gedisa, 1991.

Walsh, F. y McGoldrick, M. (comps.) (1991): *Living beyond Loss: Death in the Family*. Nueva York, W. W. Norton.

Watzlawick, P. (1966): "A structured family interview". *Family Process*, 5(2):256-271

——— (comp.) (1984): *The Invented Reality*. Nueva York, W. W. Norton. [*La realidad inventada*. Barcelona, Gedisa, 2ª ed., 1993.]

———, J. H. Beavin y D. D. Jackson (1967): *Pragmatics of Human Communication*. Nueva York, W. W. Norton. [*Teoría de la comunicación humana*. Barcelona, Herder, 1981.]

———, J. H. Weakland y R. Fisch (1974): *Change: Principles of Problem Formation and Problem Resolution*. Nueva York, W. W. Norton.

Weiss, R. (1975): *Marital Separation*. Nueva York, Basic Books.

Whittaker, J. K. y Garbarino, J. (1983): *Social Support Networks: Informal Helping in the Human Services*. Nueva York, Aldine.

Wiener, N. (1961): *Cybernetics: or Control and Communication in the Animal and the Machine*. (2ª edición; 1ª edición en 1949) Cambridge, The M.I.T. Press.

Wynne, L. C., S. H. McDaniel y T. T. Weber (comps.) (1986): *Systems Consultation: A New Perspective for Family Therapy*. Nueva York, Guilford.

Índice de autores

Abelsohn, D. 114
Ahrons, C. R. 114
Andersen, T. 145
Anderson, H. 69, 124, 145
Anderson, R. E. 41
Attneave, Carolyn 40, 41, 123, 124
Auerswald, Dick 10
Auerswald, Edgar E. 142
Baars, H. M. J. 41
Barenblit, Valentín 20
Barnes, John 40
Bateson, Gregory 9, 20, 37, 89, 142
Beavin-Bavelas, Janet H. 21, 143
Bergman, H. 77
Berkman, L. F. 74
Blazer, D. 129
Bloch, Donald A. 16
Boscolo, L. 145
Boszormenyi-Nagy, I. 132
Bott, Elisabeth 40
Bowen, M. 144
Bronfenbrenner, U. 43
Carter, Irl 41
Cecchin, G. 20, 145
Cobb, Sara 21
Cooklin, Alan 10
Dabas, Elina 17, 38, 41
De Shazer, S. 143
Dozier, M. 77
Durkheim, E. 72
Elkaim, Mony 41, 148
Fernández Moujan, O. 20

Fine, P. 41
Fisch, R. 143
Fishman, H. Ch. 143
Galli, Vicente 20
Garbarino, J. 41, 72
Gergen, K. J. 145
Gold, J. E. 114
Goldenberg, Mauricio 19, 20
Goolishian, H. 69, 124, 145
Gore, S. 72
Haley, Jay 21, 142
Harlow, H. F. 80
Harris, M. 77
Hiller Parks, S. 41, 72, 78
Hobbes, G. 72
Hoffman, L. 145
Holmes, T. H. 72
House, J. 76
Imber-Black, E. 69, 94
Isaacs, M. B. 114
Jackson, Don D. 21, 142, 143
Kagel, Guida 20
Kesselman, Hernán 20
Klefbeck, J 41
Korn, Francis 20
Kornblit, Analía 20
Laing, R. D. 13
Levav, Isaac 20
Lévi-Strauss, Claude 143
Lewin, Kurt 38
Lindemann, Erich 40
Madanes, C. 142

Maldonado, Ignacio 20, 21
Malfe, Ricardo 20
Maruyama, M. 140
Maturana, H 124
McDaniel, S. H. 68
McGoldrick, Monica 16
McNamee, S. 145
Medalie, J. 72
Minuchin, Salvador 12, 27, 41, 143
Montalvo, B. 114
Moreno, Jacob L. 40
Morin, Edgar 34
Orth-Gomer, K. 72
Pakman, Marcelo 21, 141
Pérez, Aurora 20
Pilsuk, M. 41, 72, 78
Prata, G. 145
Prigogine, I. 140
Reed, D. 72
Rincón, Lía Gladys 20
Rodgers, R. H. 114
Romanos, Dora 20
Ruesch, J. 142
Rueveni, Uri 40, 123
Satir, Virginia 21, 142
Schoenbach, V. 76
Schwartzman, John 16
Segal, L. 143

Seligman, M. E. R. 68
Selvini-Palazzoli, M. 144, 145
Shannon, C. E. 142
Singer, M. T. 52
Sluzki, Carlos 10, 11, 12, 42, 89, 94, 145
Spark, G. 132
Speck, Ross 40, 41, 123, 124
Spiegel, David 78
Steinmetz, S. K. 42
Stengers, I. 140
Syme, L. 74
Tarnopolsky, Alex 20
Tibblin, Welmet 76
Tillman, W. 72
Varela, F. 124
Verón, Eliseo 20, 21, 89
Von Foerster, H. 141
Walsh, Froma 16
Watzlawick, Paul 21, 107, 142, 143, 145
Weakland, John H. 21, 143
Weaver, W. 142
Weber, T. T. 68
Weiss, R. 114
White, Shep 31
Whittaker, J. K. 41, 72
Wiener, Norbert 140
Wynne, L. C. 68

TERAPIA FAMILIAR

(viene de pág. 4)

P. Steinglass, L. A. Bennet y otros	*La familia alcohólica*
F. B. Simon, H. Stierlin y L. C. Wynne	*Vocabulario de terapia familiar*
H. Ch. Fishman y B. L. Rosman (comps.)	*El cambio familiar: desarrollos de modelos*
M. D. Stanton, T. C. Todd y cols.	*Terapia familiar del abuso y adicción a las drogas*
M. McGoldrick y R. Gerson	*Genogramas en la evaluación familiar*
Renata Frank de Verthelyi	*Interacción y proyecto familiar*
Analía Kornblit	*Somática familiar*
Helm Stierlin y otros	*Terapia de familia*
Salvador Minuchin	*Familias y terapia familiar*